통합
누구와 어떻게 할 것인가

통합
누구와 어떻게 할 것인가

초판 1쇄 인쇄 | 2013년 6월 20일
초판 1쇄 발행 | 2013년 6월 24일

편　저 | 송　복
펴낸이 | 박영욱
펴낸곳 | 북오션

경영총괄 | 정희숙
편집 | 이상모 · 임은희
마케팅 | 최석진
표지 및 본문 디자인 | 서정희
법률자문 | 법무법인 광평 대표 변호사 안성용

주　소 | 서울시 마포구 서교동 468-2번지
이메일 | bookrose@naver.com
페이스북 | bookocean
전　화 | 편집문의 : 02-325-5352 영업문의 : 02-322-6709
팩　스 | 02-3143-3964

출판신고번호 | 제313-2007-000197호

ISBN 978-89-6799-018-3 (03320)

*이 도서의 국립중앙도서관 출판시도서목록(CIP)은 e-CIP홈페이지
(http://www.nl.go.kr/ecip)와 국가자료공동목록시스템
(http://www.nl.go.kr/kolisnet)에서 이용하실 수 있습니다.
(CIP제어번호 : CIP2013007250)

*이 책은 북오션이 저작권자와의 계약에 따라 발행한 것이므로 이 책의 내용의 일부
　또는 전부를 이용하려면 반드시 북오션의 서면 동의를 받아야 합니다.
*책값은 뒤표지에 있습니다.
*잘못 만들어진 책은 구입하신 서점에서 교환해 드립니다.

통합

누구와 어떻게 할 것인가

송 복 편저

북오션

발간사

통합의 본질은 적불균형(適不均衡)

송 복 | 연세대학교 명예교수

"전체는 부분의 합보다 크다(The whole is greater than the sum of its parts)"라는 사회학 명제가 있다. 이 말은 국민통합이든 사회통합이든 통합을 지나치게 강조해서는 안 된다는 경구다. 상식적으로 생각하면 전체는 부분의 합이다. 부분으로 전체가 구성되는 한 부분의 합과 전체는 양과 크기에서 다를 수 없다. 그러나 이는 전체를 구성하는 부분들의 기계적 합(mechanical sum)일 때이고, 유기적 합(organic sum)일 때는 차원이 완전히 달라진다. 전체의 크기도, 역량도, 기능도, 추진하는 동력도 전혀 다른 상황이 된다. 10개의 부분이 합쳐서 10개가 되는 산술적 합이 아니라 그 열 배 스무 배, 심지어는 백 배 천 배가 넘는 기하급수적 합이 된다.

이렇게 많이 낼 수 있는 사회 전체의 힘을 지금처럼 통합을 너무 강조하면 그 힘은 거꾸로 줄어들거나 오그라들어서 아예 통합을 내세우지 않는 것만 못한 것으로 바뀐다. 사회 내 각 하위 부분들의 기능이 유기적 기하급수적 합이 아니라 기계적 산술적 합으로 전락하기 때문이다. 지금 우리 정부나 정치인들은 통합이 마치 시대정신이고, 시대의 화두인 양 생각하고 주창한다. 지역통합 · 계급통합 · 이념통합, 이제는 세대통합까지 통합을 갖다 붙이지 않는 곳이 없다. 통합이 안 되는 이유도 대기업과 중소기업, 대형마트와 골목상권, 부(富)소유자와 비소유자, 정규직과 비정규직의 불평형에서 찾더니 이제는 갑을 개념으로 전환하고 있다. 갑과 을의 불평등, 이 불평등 때문에 통합이 깨지고 있다 해서 여당이고 야당이고 모두 갑을 내치고 을 편에 서겠다고 외치고 있다.

통합은 그것이 국민통합이든 사회통합이든 통합의 본질을 먼저 깨쳐야 한다. 통합의 본질을 모르고 통합을 절규하는 것만큼 위험한 것이 없다. 그것은 통합을 저지하는 것일 뿐 아니라 그나마 이룩한 특정 수준의 통합마저도 무너뜨리는 것이 된다. 그리고 급기야는 사회 전체를 분열·해체시키는 결과까지도 가져온다. 통합 논의와 분석, 통합에 대한 갖가지 주장들은 반드시 그 사회구조에 맞추어야 하고 그 사회체계와 맥락을 같이 해야 한다. 정치구호와 철저히 분리되어야 하고, 더구나 유권자의 표를 노리는 정치 포퓰리즘과는 완전히 등져야 한다. 정치인들이 말하는 통합은 통합이 아니고, 악마와도 손잡는다는 표 노림에서 나온 것이다. 그래서 그 통합은 예외 없이 불통합을 야기한다. 그런 불통합현상은 정부주도의 통합에서도 꼭 같은 결과를 가져온다. 연전에 만든 대통령 직속의 사회통합위원회가 그 어떤 효과를 거두었느냐에서 이는 잘 증명된다.

통합은 선이지만 절대선은 아니다. 더구나 통합지상주의는 통일지상주의만큼 위험하다. 통일은 어떤 통일이든 선이라고 외치던 목사가 있었다. 그 목사는 현대인이 아니라 중세인이다. 통합도 지상주의며 절대선으로 나가면 그 주창자들은 그 목사처럼 현대인이 아니라 중세인이 된다. 통합은 실현의 주요 과제이기는 하지만, 그 모든 과제에 우선해서 실현되어야 할 절대적 과제는 아니다. 시카고대학의 노벨경제학 수상자 프리드먼 교수가 한 말 "평등을 너무 앞세우면 평등도 자유도 잃는다"는 경구처럼, 통합을 너무 앞세우면 통합도 잃고 발전도 잃는다. 마침내는 사회가 침체의 늪에 빠져 역동성을 잃고 만다. 어떤 다이네믹 소사이티(dynamic society)라도 통합을 지속적으로 강조하면 미래가 없어진다.

그래서 통합은 국가 주요 과제들이 실현됨으로써 성취되는 결과일 뿐이다. 통합은 정부와 기업 그리고 사회 내 모든 하위 부문들, 궁극적으로는 온 국민들이 추구하는 소망과 실현하려고 하는 과제들의 종속변수일 뿐, 그 자체가 성장이라든지 분배와 같은 독립변수가 되지는 못한다. 통합을 독립변수로 생각하면, 다른 말로 통합이 살고 싶은 나라, 보람찬 인생, 행복한 나날을 만들어 준다고 생각하면, 그것은 통합의 본질이 무엇인지를 모르는 무지다.

통합의 본질은 '적절한 균형'이며 '적절한 불평등'이다. 줄여서 통합의 본질은 '적불균형(適不均衡)'이며 '적불평등(適不平等)'이다. 너무 불평등하거나 너무 불균형 상태가 되면 그 사회는 깨진다. 반대로 너무 균형이 잡혀 있거나 너무 평등하면 그 사회는 정체된다. 성장도 없어지고 발전도 없어진다. 이 '적불균형' '적불평등'을 보장하는 것이 자유민주주의며 자본주의 시장경제다. 그렇다면 1:99는 무엇인가. 그것이 적불균형이며 적불평등인가. 그 무질서한 자유민주주의와 그 탐욕적인 자본주의 시장경제가 가져온 1:99야말로 국민통합이든 사회통합이든 통합과는 천리만리, 거리가 먼 것이 아닌가.

그렇다면 역사상 1:99로 갈라지지 않은 사회는 어느 사회이며 그 언제였는가. 사람들은 기억력보다 망각력이 심해 지난날을 다 잊어버리지만 과거 모든 시대는 다 1:99의 사회였다. 그것을 없애자고 천인공로할 비인간적 폭력을 썼던 공산주의 사회는 그보다 더 심한 불균형 불평등사회였다. 더 가공할 일은 1:99를 바로잡을 치유 능력이 그 어느 사회도 없었다는 것이다. 오로지 자유민주주의 자본주의 시장경제만이 1:99의 절대적 불균형-불평등에서 적불균형-적불평등으로 회귀시킬 가능성과 현실성을 늘 보여주었다.

그래서 우리가 통합을 말할 때는 자유민주주의 자본주의

시장경제의 전제 위에서 논해야 한다. 그 전제를 떠나 통합을 말하면 마치 통일지상주의자들처럼 '빈대 잡으려다가 초가삼간 태우는 꼴'이 되고 만다. 자유민주주의 자본주의 시장경제는 그 내부에 갈등이 언제나 용암처럼 끓고 있다. 용암이 끓지 않는 지구는 지구가 아니듯이, 갈등이 일지 않는 사회는 다이네미즘을 상실한 사회다. 바로 죽은 사회다. 그래서 그 갈등은 병리 현상이 아니라 정상 현상이다.

여기에 수록된 23명의 학자들이 쓴 24개의 칼럼들은 모두 이런 통합의 본질과 그런 통합의 원칙, 그리고 모두 이러저러한 한국적 현실에 입각해 쓴 글들이다. 나는 이 글들을 모두 읽으면서 이들 학자의 혜안에 놀라고 그 논지의 전개에 무릎을 쳤다. 우리 사회는 역시 지식이 깊고 지성이 풍부한 사회다. 이 책의 글쓴이 모두에게 감사한다.

차례

발간사   송 복   4

PART 1   국민 100%를 위한 통합은 없다

진정한 사회통합은 자생적 질서	장대홍	15
외칠수록 멀어지는 '사회통합'	신중섭	24
한국 자유주의의 미래	이영훈	31
자유주의와 자유시장은 사회라는 건물의 통합을 유지하는 기둥	김이석	40
통합은 좋고 분열은 나쁜가?	김인영	46
통합은 주도 세력의 형성과 발전 모델의 공유	김광동	52
국민통합은 정체성 확립부터	현진권	58
사회통합위원회와 국민대통합위원회	안도경	66
누가 국민통합을 해치는가?	권혁철	73

PART 2   통합의 기본 원칙은 자유주의와 시장경제다

사회통합은 경제자유화를 통해서	민경국	81
사회 갈등의 요인과 완화 방안	김영용	86
진정한 민주공화국으로의 길	박지향	91
자유시장경제가 더 나은 사회통합을 이룬다	안재욱	103
법과 원칙 중시가 국민통합의 바탕	최승노	110
법치 질서의 확립이 사회통합의 길	김상겸	116
갈등의 원인은 개인들이 가진 사상들이다	전용덕	121
사회통합을 위해 '사회적'일 필요는 없다	전희경	126

PART 3   통합에 관한 여러 가지 단상

경제민주화와 사회통합	송원근	133
이제 사회통합 지표의 개발이 필요한 시점	신중섭	140
마거릿 대처는 '사회통합'의 교과서	박동운	147
국민의 오해를 없애야 국민행복·통합 가능하다	전삼현	154
성공적인 사회통합의 요건	최창규	159
'통합'이라는 미명 아래 일어나는 것	김정래	167
교육개혁과 국민통합의 길	강규형	172

국민 100%를 위한  통합은 없다

PART 1

_ 100% 국민통합은 가능하지도 필요하지도 않으며, 사회통합이라는 표현도 애매모호하고 공허한 개념이다. 이상적 사회의 보다 정교한 모습은 개개인의 선택 공간이 충분히 확대되면서도 타인에게 해를 끼치지 않는 사회, 동시에 화합이 극대화되는 사회일 것이다.

진정한 사회통합은 자생적 질서

한림대학교 명예교수 장대홍

국민대통합은 새 정부가 내세우는 주요 정책 목표다. 용어 상으로는 사회통합 또는 응집(social cohesion)이 — 대상과 목표가 모호하기는 마찬가지지만 — 보다 적절한 개념일 것 같다. 어쨌든 통합론은 일반 대중이 좋게 생각하고, 정치인 들은 쓸모 있는 득표 전략으로 여기는 반면에, 사려 깊은 사 람들은 허점이 많고 위험스럽기도 하다고 본다.

통합론에 대해 호감을 갖는 부분적인 이유는 경쟁과 갈등 에 대한 편견 때문이다. 사람들은 경쟁과 갈등이 관용, 양보,

소통, 협조, 나눔과 같은 미덕과 배치되지 않으며, 오히려 개인의 성취 욕구를 실현시켜 사회화합에 기여한다는 사실을 과소평가하려 한다. 통합을 선호하는 보다 실질적인 이유는 계층 간 갈등의 원인이 불평등에 있다고 보고, 정부가 나서서 이를 시정해야 한다고 믿기 때문이다. 우리사회에 정치적, 성적, 종교적 차별과 같은 불평등은 거의 남아 있지 않다. 하지만 경제적 불평등에 대한 불만과 재분배정책에 대한 대중적 지지가 커져가고 있음은 심각한 문제다. 자칫 집단 이기주의의 증폭, 자유민주주의와 시장경제의 위축으로 발전될 수 있기 때문이다.

역대 정권들은 이런 대중적 편견과 불만을 근거로 예외 없이 국민통합을 이루겠다고 공언해왔다. 그렇지만 어느 정권도 국민통합을 잘했다는 평가를 받지 못했다. 가까이 보면, 지난 정권들에서 우리 사회의 갈등과 분열은 오히려 악화되었다는 평가를 받았다. 이명박 정권은 대통령 직속으로 사회통합위원회를 설치하고, 공정사회, 친서민 정책, 동반성장 정책과 같이 역대 어느 정권 못지않게 열심히 사회통합정책을 추진하였지만 좋은 점수를 못 받았다. 왜 그런가? 통합에 대한 인식의 오류와 통합정책의 한계 때문이다.

먼저 통합이 선이라는 인식, 또는 통합지상주의에는 문제가 없는지 살펴보자. 통합이 상정하는 미덕은 개인선택의 공간에서만 존재하고, 계층이나 집단의 선택이 아니다. 정치적 결단이나 제도에 의해 강요될 경우, 미덕은 복종과 의무로 대체되고, 그것을 계층 간 화합으로 볼 수는 없다. 미덕과 화합은 자유와 기본적 인권의 보장이 없으면 얻을 수 없는 가치이다. 자유민주주의와 시장경제체제는 그런 사회를 만들 수 있는 충분조건은 아니지만, 필요조건이다. 그것이 전제로 하는 경쟁과 갈등은 개인적 성취나 사회발전의 원동력으로 사용되고, 분열이 아니라 높은 수준의 협조와 화합을 가져다주는 데 가장 효과적이다. 자유주의자들은 이를 끊임없이 논증해왔고, 경험적으로도 입증되었다. 획일적 통합에 집착하는 전체주의체제는 자유와 인권의 억압으로 일관하다가 붕괴되었고, 평등주의를 지향하는 사회주의체제는 경제파탄을 면치 못했을 뿐 아니라 엄청난 사회 갈등을 초래하였다. 지난 세기 중 인류에 큰 재앙을 불러온 후에 몰락한 전체주의국가들의 행적이나, 현재 남부 유럽 국가들이 겪고 있는 사회혼란상을 상기해 보라.

정부정책으로서 사회통합정책의 한계

정부정책으로서 사회통합정책은 어떤 한계를 가지는가? 사회통합론에는 정치적, 경제적 함정이 내재한다. 정치적 함정은 자유민주주의를 부정하고 전체주의나 사회주의 체제를 동경하게 만드는 경향이다. 극단적 전체주의체제인 북한의 위협을 받고 있는 우리의 현실에서 이 문제는 심각하다. 오늘날 우리 사회에는 헌법으로 명시된 자유민주주의체제를 부정하고 전복하려는 정치 세력이 엄연히 존재한다. 지난 좌파정권을 거치면서 국민화합이라는 명분으로 종북세력, 급진좌파세력을 비호해준 덕이다. 지금 우리 사회에 만연한 갈등은 대부분이 그들의 분열적 책동과 선동에 뿌리를 두고 있다. 우리가 자유와 번영, 사회화합의 기회를 포기하지 않으려면, 우리의 체제 수호를 타협이나 양보의 대상으로 삼아서는 안 된다.

그러나 체제 수호의 의지는 정치적 결단이나 정부의 강제

력만으로 얻기는 힘들다. 사상과 이념, 역사에 대한 교육과 지식 보급, 경험의 전달로 국민 개개인의 의식에 자리 잡을 수 있도록 해야만 가능하다. 우리 사회는 그동안 이런 노력을 등한시했기에 전교조와 좌경 시민단체들은 우리 청소년들에게 그릇된 역사관과 이념 성향을 심어 놓았다. 지금부터라도 자유민주주의의 이념 인프라를 구축하는 데 노력과 투자를 아끼지 않아야 하고, 무엇보다도 지식인들이 이를 선도해야 한다.

사회통합정책의 경제적 함정은 재분배정책의 위험이다. 평등주의에 입각한 재분배정책은 경제적 자유의 상실과 경제 후퇴로 이어져 지속 가능하지 않으며, 사회 혼란을 불러오고, 기대했던 평등도 이루지 못한다. 밀턴 프리드먼의 경구대로 '평등을 앞세우면 자유와 평등을 모두 잃는 상황'에 이른다. 이미 잘 알려진 내용이므로, 자세한 설명을 피하고 간단히 요약하면 이렇다. 재분배정책은 세금으로 취약계층(부문)에 보조금을 주는 것이므로, 자원을 생산성(효율)이 높은 부문에서 낮은 부문으로 이동시키고, 이윤 동기와 근로 의욕을 감퇴시킨다. 따라서 생산은 줄고, 물가가 상승의 압력이 커지는 반면에 보조금 인상, 제몫 챙기기 경쟁의 악순환이 이어진다. 재분배정책과 연관된 (비생산적) 관료 조직과 전문가 집단의 증대로 경제의 고정비 부담이 가중되고, 부패의 기회가 커진다. 결국 재정 위기와 지급 불능 사태에 이르고, 수혜 계층의 반발과 저항, 계층 간 갈등과 사회 혼란이 심화된다.

사회통합의 의미와 한계에 대한 성찰이 필요한 때

그렇다면 사회통합의 염원은 잘못된 것인가? 아니다. 목표 설정과 방법에 문제가 있을 뿐이다. 100% 국민통합은 가능하지도 필요하지도 않으며, 사회통합이라는 표현도 애매모호하고 공허한 개념이다. 이상적 사회의 보다 정교한 모습은 개개인의 선택 공간이 충분히 확대되면서도 타인에게 해를 끼치지 않는 사회, 동시에 화합이 극대화되는 사회일 것이다. 도덕철학자였던 아담 스미스에게 전자는 사회를 유지시켜주는 필요조건인 사회정의인 반면에, 후자는 사회를 아름답게 만드는 충분조건이다.

우리가 사회통합에서 바라는 사회의 공통분모는 화합의 크기가 큰 사회라고 정의할 수 있을 것 같다. 사회의 화합은 그 자체가 정의하기 어려운 개념이다. 건강한 사회를 나타내는 객관적 지표의 하나로서 OECD가 발표하는 사회통합(또는 응집력)지수(SCI, social cohesion index)를 들 수 있겠다. 이 지수는 국가별로 타인에 대한 신뢰(trust), 소수 계층에 대한 관용성(tolerance), 사회제도에 대한 신뢰(confidence in social institution), (자선과 같은) 사회적 행위의 정도 (level of social behavior), 투표율(voting)의 5개 항목에 대한 점수를 지수화한 값이다. 전체적으로 보면, 북미 국가나 영미 계통 국가의 지수는 높은 반면에, 전체주의체제를 가졌던 나라나 사회주의 전통이 깊이 자리 잡은 나라의 지표는 낮게 나타나고 있다. 한국의 지수는 모든 항목에서 OECD 평균치보다 훨씬 처져서, 우리 사회가 상대적으로 건강하지 않다는 인식을 확인해준다.

이런 객관적 평가가 주는 함의를 생각해보기로 하자. 먼저 주목할 부분은 자유주의적 성향이 강한 나라의 지수가 대체로 높고, 경제적 불평등 항목이 빠져 있다는 점이다. 다음은 이들 항목이 모두 국가정책으로 단기에 실현되기 어렵다는 점을 들 수 있겠다. 예외로 볼 수 있는 항목은 사회제도에 대한 신뢰인데, 그것은 부패나 불공정이 만연한 사회에서는 기대할 수 없기 때문이다. 작은 정부, 법치주의의 확립이 사회제도에 대한 신뢰의 필수 요건임은 잘 검증된 사실이다.

SCI를 사회의 결속력(또는 응집력)이나 화합의 수준으로 해석하면, 자유민주주의 체제가 결속력 있는 사회를 만드는 요건이며, 사회의 화합 수준이 국가정책보다는 전통과 학습을 통해 형성될 가능성이 크다는 것을 시사한다. 이들 지수 항목이 모두 자발적인 협조 정신과 깊이 연관되어 있고, 반복적으로 확인되어야 하는 특성이기 때문이다. 그런 의미에서 이들은 시장 질서와 마찬가지로 자생적 질서(spontaneous order)에 속한다. 결론적으로 화합 수준이 높은 사회, 진정한 사회통합에 가까운 사회는 법치주의가 확립된 사회, 자생적 질서가 형성되는 사회이다. 자유민주주의와 법치주의의 확립은 그런 사회의 필수요건인 반면, 시장 질서를 포함하는 자생적 질서는 점진적인 방식으로 사회의 결속력을 높여줄 것이다.

새로 출범한 박근혜 정부가 사회통합에 보이는 열정이나 정치적인 필요성은 충분히 이해할 만하다. 그러나 사회통합의 진정한 의미와 한계에 대해 보다 깊이 성찰하고, 성급한 정책 추진을 자제해주기를 기대한다.

외칠수록 멀어지는 '사회통합'

강원대학교 윤리교육과 교수 신중섭

'사회통합'은 우리 시대의 화두가 되었다. 지난 대통령 선거에서 여야 가릴 것 없이 사회통합위원회를 만들고 사회대통합을 정치의 제1과제로 삼겠다고 다짐했다. 이것은 우리 사회에서 '사회통합'이 시대적 과제가 되었음을 뜻한다. 권위주의를 동반한 산업화와 상대를 '惡'으로 규정한 민주화 세력이 우리 사회에 이념·계층·지역·세대·성·빈부의 갈등을 증폭시켰기 때문이다. 이러한 갈등으로 유발되는 사회적 비용이 대단히 높은 상황에서 사회통합은 과거와 현재의 상처를 치유하고, 미래의 위험을 예방하기 위해 피할 수 없는 과제이다.

일반적으로 사회통합은 '다양한 특성을 가진 구성원들이 공동체에 대한 소속감을 갖고 공동의 비전을 공유하며 긍정적인 관계를 유지하는 국민적 결집력'을 지칭한다. 이러한 사회통합은 '사회 질서에 대한 개인과 사회의 상호 공감, 사회적 배제 집단의 포용'에서 출발한다. 민주화와 정보화, 세계화가 급속도로 진전되는 현대 사회가 통합보다는 분열과 갈등의 요소를 더 많이 포함하고 있다는 사실을 고려하면 사회통합을 위한 노력은 더 필요하다.

사회통합은 공생적 사회질서의 전제조건으로 국가와 사회의 지속적인 발전에 필수적이다. 사회통합은 개인이 자신이 속한 국가와 사회에 대해 소속감을 갖고 국가와 사회 발전에 필요한 에너지를 발휘할 수 있도록 동기를 부여하기 때문에, 사회 갈등이 높은 사회와 국가는 발전의 원동력을 상실할 수밖에 없다.

그럼에도 불구하고 정치권이 주도하는 '사회대통합' 담론이나 정책들은 통합이라는 원래 목적을 달성하는 것은 고사하고 장·단기적으로 사회 갈등과 분열을 증폭시킬 우려를 담고 있다. 정치권의 통합 지향적 담론이나 정책은 기존의 질서를 부당한 것으로 간주하고 자신이 생각하는 새로운 질서를 권력을 통해 이식하려는 속성을 가지고 있기 때문이다. 현존하는 질서가 완전하거나 모두 정당한 것은 아니기 때문에 수정되고 개혁되어야 하지만, 개혁과 수정이 정치적 명분이나 슬로건으로 포장되면 오히려 부작용만 키운다.

통합을 가로막는 것들

이러한 사회통합 논의에서 몇 가지 고려할 사항을 살펴보자. 우선 '통합'이 고도로 추상적인 상태로 설정되어 있다는 점이 문제다. 추상적인 상태를 목표로 설정하면, 그것의 내용과 달성 방법에 대한 합의는 불가능하다. 따라서 사회통합에 대한 논의는 갈등이나 분열의 요인을 최소한으로 줄이는 방법에서 출발해야 한다. 사회를 구성하는 개인이나 집단은 가치관이나 비전이 다르기 때문에 우리가 추구해야 할 추상적인 가치에 대해서는 합의하기 어렵지만, 제거해야 할 구체적인 악에 대해서는 합의하기 쉽기 때문이다. 즉, 사회통합은 '최대주의'가 아니라 '최소주의'에서 출발해야 한다.

그러므로 추상적인 개념이 아니라 구체적인 문제점을 해결한다는 차원에서 국가 정책을 논의해야 한다. '사회통합'과 같은 추상적인 이념을 국가 정책과 연결시키면 그 정책의 평가가 어려워진다. 소위 '사회통합'을 위해 필요하다고 말하는 '복지정책' '경제민주화 정책' '분권정책' '인사정책'의 정당성을 '사회통합'에다 두면 그 정책 자체의 적합성·정당성을 평가할 수 없을 뿐만 아니라, 그 정책의 성공과 실패를 판별할 수도 없게 된다. 정책을 '사회통합'의 명분으로 사용하면 '갈등'은 어느 사회나 항상 존재하기 때문에 '사회통합'은 항상 불합리한 정책을 양산하게 되어 궁극적으로 '사회통합'을 저해하게 된다. 나아가 경제성장 없는 복지 확대는 미래 세대에게 재앙이 된다.

둘째, 사회의 갈등 요인에 대한 윤리적 판단을 하지 않아야 한다. 내가 추구하는 목적은 도덕적이고 다른 사람이 추구하는 목적은 비도덕적이거나 악하기 때문에 갈등이 발생하는 것이 아니다. 갈등은 모든 집단이나 개인이 윤리적으로 정당한 이익이나 권리를 추구하기 때문에 발생한다. 상대방에게 양보나 배려를 요구하는 것은 갈등 해소에 도움이 되지 않는다. 만약 그렇게 할 수 있는 상황이라면 분열이나 갈등은 원초적으로 생성되지 않는다.

실제적으로 개인이나 집단은 자신들의 이익을 추구하고 목적을 달성하기를 원하는 이기적인 존재이다. 따라서 현실에서 이익의 충돌과 갈등이 발생하는 것은 불가피하다. 이런 상황에 우리가 대처할 수 있는 가장 현명한 방법은 충돌과 갈등을 인정하고 그것을 합리적으로 해결하거나 약화하기 위해 노력하는 것이다. 현재 정치권에서 논의하는 것과 같이 '사회대통합'의 기치를 걸고, '경제민주화' '보편적 복지' '탕평책'과 같은 정책을 내세우는 방법은 충돌과 갈등을 합리적으로 해결하지 못하고 오히려 증폭할 따름이다. 그리고 충돌이나 갈등은 '사전에 정해진 절차'에 따라 해결해야 한다.

셋째, '차이'를 인정하고 그것을 발전의 동인으로 삼아야 한다. '차이'는 'vision'이나 'idea'의 다름에서 유래하는 것으로, 자연스러운 상태이며 통합의 대상이 아니다. 따라서 '차이'에 대해 '갈등'이라는 '이름 붙이기'는 피해야 한다.

특히 언론이나 정치권은 '20:80' '1:99' '부자 증세' '부자 감세'와 같은 분열적 언어 사용을 자제해야 한다. 지난 대선의 결과를 놓고, 이념·지역·세대의 갈등의 표출로 해석할 것이 아니라, 각각의 다름에 따라, 이념·지역·세대에 따라 다른 정치적 선택을 했기 때문에 나타나는 현상으로 해석해야 한다. 특정 개념을 통해 현실을 규정하면 현실이 그렇게 이해된다. 선거를 통해 권력을 교체하는 민주주의 사회에서는 항상 승자와 패자가 존재하기 마련이며, 성패는 '차이'에서 유래하는 것이므로 그것을 그대로 받아들여야 한다.

넷째, 현실적으로 정치는 개인이나 집단의 여러 형태의 이익을 정치적으로 조정하는 것을 자신의 목적 가운데 하나로 삼는데, 이 '조정의 과정'은 제로섬이기 때문에, 항상 '갈등'을 내장하고 있다. 사회적 갈등을 최소화하려면 정부의 역할을 최소화해야 한다. 따라서 통합이 정치권의 의제가 아니라 민간 영역의 의제가 될 때 그 목적을 효과적으로 달성할 수 있다. 정부가 직접 통합을 주도할 것이 아니라 민간의 참여를 유도할 계기를 만드는 지점에서 멈추어야 한다.

다섯째, 개인이나 집단은 자신이 속한 계층, 자신의 사회적 지위, 자신의 능력에 따라 세상을 달리 보게 마련이다. 이런 것을 넘어 사람의 문제를 하나로 보게 하는 것은 '윤리'다. 사랑과 화해와 용서와 관용, 그리고 무엇보다도 하나하나의 생명에 대한 존중, 이러한 것들이 사람들을 하나가 되게 하고 사회를 통합한다. 사회통합의 노력은 충돌과 갈등을 쉽게 유발할 수 있는 요소가 아니라 그것 너머에 있는 보편적 인간의 윤리를 부각시키고 함양하는 데 초점이 맞추어져야 한다. 이런 노력은 정부가 아니라 민간이 주도하는 것이 효과적이다.

마지막으로 '사회통합'에는 '배제의 논리'도 포함되어야 한다. 통합이라는 명분으로 모든 개인이나 집단을 용인할 수는 없다. 공동체의 역사·우리 체제의 정당성·헌법을 인정하지 않는 개인이나 집단은 통합의 대상이 될 수 없기 때문이다.

한국 자유주의의 미래

서울대학교 경제학부 교수 이영훈

　자본주의 시장경제는 나라마다 그 유형을 달리하지만, 어느 유형이든 공유하는 철학이 있다. 그러한 정신적 기초가 없으면 시장경제의 토대라 할 수 있는 사회통합이 성립되기 힘들다. 그런 곳에서 시장경제가 순조롭게 발전할 수 없다. 모든 유형의 시장경제가 공유하는 철학은 다음과 같다. 곧 인간은 태어나면서부터 자유로운 존재이며, 그가 보유한 사권(私權)의 기초는 재산권이며, 그가 자기의 책임으로 자유롭게 행동할 때 시장은 다른 어느 경제체제보다 우월한 균형에

도달한다는 것이다. 그러한 자연적 질서에 대한 믿음을 가리켜 자유주의라고 한다. 자유주의는 서구에서 절대왕정(絕對王政)에 맞서 시민의 자유와 권리를 추구하는 정치철학으로 먼저 성립하였다. 뒤이어 아담 스미스와 같은 고전파 경제학자들이 그것을 시장경제의 합리성을 뒷받침하는 도덕철학으로 발전시켰다. 서구에서 시장경제가 발전해 온 역사는 수많은 시련과 도전에 맞서 자유주의 철학이 성숙해 오는 과정이기도 하였다.

자유주의를 가로막는 첫 번째 장애물은 민족주의

그런데 자유주의 철학이 우리 한국에서도 성공할 수 있을까. 필자는 그에 대해 확신하지 못한다. 솔직히 말해 그렇지 않을 가능성도 크다고 생각한다. 그 이유는 대략 세 가지이다. 첫째, 자유주의에 대해 적대적이라 할 수 있는 민족주의가 너무 강세이기 때문이다. 오늘날 한국인들의 정신세계에서 가장 넓은 공통분모를 지적하라면 민족주의다. 여기에서 민족은 우리가 단군의 자손으로서 하나의 운명공동체라는 역사의식을 말한다. 이미 학계에서는 상식이 된 이야기이지만 19세기까지 이 같은 역사의식은 없었다. 조선왕조의 지배자들이 공유한 세계관은 중화가 세계의 중심을 이루는 가운데 조선은 일등 제후국으로서 소중화(小中華)라는 것이었다. 한국인들이 민족을 알게 된 것은 20세기에 들어와 일본에서 그 말이 들어오면서부터이다. 이후 일제의 억압과 차별을 받으면서 한국인들은 민족이라는 운명공동체 의식을 공동의 정신세계로 육성하였다.

건국 이후의 역대 정부는 민족주의를 국민교육의 최대 이념으로 받들어 왔다. 갖가지 민족 상징이 고안되고 널리 보급되었다. 정치가 국민을 동원하는 주요 수단도 민족주의였다. 이승만 대통령의 일민주의(一民主義)도, 박정희 대통령의 조국근대화도 그 밑바닥에는 민족주의가 있었다. 1980년대 이후 민족주의의 정치적 기능이 변하였다. 그때까지 민족주의는 국민국가의 건설을 위한 동원의 이데올로기였다. 이후 민족주의는 반일, 반미, 통일운동의 이데올로기로 변질되었다.

어쨌든 이 같은 과정을 거치면서 민족주의는 오늘날 한국

정치에서 좌우가 공유하는 가장 강력한 이데올로기로 자리 잡고 있다. 그 민족주의가 낳은 부산물의 상징이 일본과의 역사 논쟁이다. 예컨대 독도와 위안부 문제에 관한 자료를 허심탄회하게 읽으면 이 문제를 가지고 양국이 그렇게 심각하게 얼굴을 붉힐 필요는 없다는 생각을 하게 된다. 그런데 어느 지식인도, 어느 정치가도 그런 이야기를 할 수 없다. 그랬다가는 좌우의 민족주의 언론으로부터 집중 포화를 맞아 살아남을 수 없기 때문이다. 다시 말해 민족주의는 자유로운 지성을 허용하지 않는다. 자유주의가 번성하기 위한 가장 기초적 요건은 어떠한 강포한 권력이나 마성(魔性)의 권위로부터도 자유로운 지성이 아닐까. 이 점이 한국에서 자유주의의 미래를 낙관하지 못하는 한 가지 이유이다.

부는 근면과 창의성의 결과라는 인식이 있어야

둘째, 한국의 사회와 문화가 지나치게 물질주의적이라는 점이다. 대중의 민족주의 정서에 거슬리는 지적이지만 이 점을 부정하기는 힘들다. 2005년 갤럽이 130개국 13만여 명을 대상으로 한 행복 조사에 의하면 한국인은 물질적 가치의 중요성을 묻는 질문(9점 척도)에서 7.24로 미국 5.45나 일본 6.01은 물론 짐바브웨 5.77보다 높게 나왔다. 동년 미국 미시건대의 잉글하트 교수가 행한 주요국의 가치관 조사도 마찬가지 결과를 전하고 있다. 그에 따르면 한국인이 부(富)를 중시하는 물질주의적 성향은 대만과 더불어 OECD국가의 평균보다 훨씬 높을 뿐 아니라 멕시코보다 더 높은 수치를 기록하고 있다.

무슨 이유로 한국인이 세계에서 가장 물질주의적인가는 쉽게 대답하기 힘든 문제이다. 한국의 역사학자나 철학자들은 그들의 전통문화가 정신적으로 매우 우월하다는 민족주의 정서에 젖어 있기 때문에 이 같은 문제에 대해 깊이 고민해 본 적이 없다. 그들이 할 수 있는 가장 손쉬운 대답은 일제와 군사독재의 지배가 그런 천박한 문화를 낳았다는 것일 터이다. 필자가 보기에 한국 사회의 그러한 비교적 특질은 15세기 이래 오랫동안 인간들의 정신을 하나로 묶는 종교의 역할이 부재한 가운데 사회조직에 있어서 크고 작은 공(公)의 세계를 개발하지 못한 탓으로 보인다. 어쨌든 그 문제에 대해서는 더 이상 이야기하지 않겠다.

여기서 지적하고 싶은 점은 두드러지게 물질주의적인 사회에서는 자유주의가 뿌리를 내리기 힘들지 않을까라는 것이다. 왜냐하면 자유주의의 원리에 따라 시장경제가 발전하면 필연코 빈부의 격차가 발생하는데, 이것을 정당화하거나 중화할 정신문화가 빈약하기 때문이다. 물질주의 사회에서 사람들은 그들이 가난한 이유를 그들보다 부유한 사람의 탓으로 돌리기 쉬운데, 그것은 성공한 사람들의 부는 그들의 창의성이나 근면성의 결과라고 설명하는 교육을 받지 않기 때문이다. 경제적으로 성공한 사람들도 그들의 부를 사회에 환원하는 경우가 드문데, 그것은 사회가 인간들이 공유하는 정신이나 공의 질서로 감각되지 않기 때문이다. 이렇게 물질주의 사회의 경제발전은 어느 수준에 이르러 그 사회가 감당할 수 없을 정도로 갈등을 증폭시키기 마련인데, 이 점이 한국 자유주의의 미래가 밝지 않은 또 하나의 이유이다.

자유주의에 대한 새로운 지성이 자리 잡아야 할 때

마지막으로 자유주의 철학을 위한 지성의 리더십이 여전히 취약하다는 이유이다. 자유주의는 한국의 전통사상이 아니다. 자유주의는 서구 근대에서 생겨난 정치철학과 도덕철학으로서 19세기말이 되어서야 한반도에 도착하였다. 유감스럽게도 자유주의에 기초한 시장경제와 근대사회의 성립은 일제의 지배체제에 의해서였다. 이 같은 지적에 한국의 민족주의자들은 거부감을 느낄 터이지만 아무래도 외면하기 힘든 역사의 진실이다. 그에 대한 민족주의적 반발은 한국에서 자유주의와 시장경제의 정신적 헤게모니가 여전히 취약하다는 사실을 반증하고 있다.

결국 한 국가와 사회를 발전의 길로 이끄는 것은 지성의 힘이다. 한국의 자유주의가 봉착하고 있는 어려움은 철저히 역사적이다. 민족주의가 강세를 이루고, 물질주의의 연원이 깊고, 자유주의의 역사가 일천한 것은 단기간에 쉽게 극복하기 힘든 문제들이다. 그렇지만 인간의 지성은 역사의 제약으로부터 상대적으로 자유롭다. 그래서 때때로 역사를 비약과도 같은 발전으로 이끄는 리더십이 생겨나는 법이다. 예컨대

이 나라의 사회와 경제를 이 정도라도 이끈 것은 자유를 근본적 가치로 받드는 나라를 건설하고자 했던 이승만 건국 대통령의 리더십 덕분이 크다. 그것은 어느 의미에서는 동시대의 평균 수준을 초월한 지성의 힘이었다.

자유주의 철학이 한국에서 성공하기 위해서는 갈등이 증폭하는 속도 이상으로 경제가 재빨리 성장해 갈 필요가 있다. 그런데 그것이 지금 모종의 한계에 봉착했다는 느낌이다. 민족주의와 물질주의가 빚어낸 거미줄과 같은 유무형의 규제에 걸려 시장은 활력을 잃어 가고 있다. 우리보다 5~10배 큰 일본과 중국 경제의 틈에 끼여 살아남고 또 선진화하기 위해서는 그야말로 파격적 개혁이 필수다. 사회를 교역항(交易港) 수준으로 개방하고 그에 걸맞은 사고와 행동 규범을 국민적 교양으로 훈련하는 등, 한마디로 말해 자유주의적 국가 개조(國家改造)가 당면한 역사적 과제이다.

그런데 누가 그것을 감당할 것인가. 그런 정치적 리더십은 어디서 생겨나는 것인가. 그런 갈구에서 우리의 지성 사회를 돌아보면 역시 초라하기 그지없다. 대학의 인문·사회과학은 아직도 선진 학문의 수입 시장이거나 전통에 대한 민족주의적 반추(反芻)에 머물러 있다. 굳건하게 이 땅의 현실에 두 발을 딛고 있지 않은 것이다. 자유주의를 강의하기 위해서는 꼴통이라는 오명을 뒤집어 쓸 각오를 하지 않으면 안 된다. 그래서 속으로는 자유주의자이면서 입까지 자유주의자인 교수는 대학에서 희귀한 존재이다. 지적 풍토가 이러해서는 이 사회를 얽어매고 있는 역사의 굴레를 벗기면서 또 하나의 비약을 이끌 리더십이 생겨나기 힘들지 않을까.

[자유주의와 자유시장은
사회라는 건물의 통합을 유지하는 기둥]

시장경제제도연구소 소장 김이석

사회통합이 현재 언론에 자주 등장하는 이슈가 되고 있다. 예컨대 새 정부에 중용된 인사들의 출신 지역 비중을 따져서 새 정부가 국민통합을 도모하지 않았다는 주장도 있었다. 우리 사회에 이념, 계층, 지역, 세대, 성, 빈부의 차이에 따른 갈등이 심각하다는 인식에 따라 상당수의 사람들이 과거에 상대적으로 '피해를 본' 계층에 대해 정치적 '보상'을 해줌으로써 이런 갈등이 봉합될 수 있다고 보는 것 같다.

이런 '보상' 정책은 득표를 위한 전략의 하나이지만, 장기적으로 이것이 사회통합의 기초를 튼튼히 한다고 하기는 어렵다. 그런 보상에도 불구하고 자신과 다른 것들에 대한 적의가 여전할 수 있고 경우에 따라서는 정치적 선동에 의해 적의가 강해지거나 '없던' 적의도 만들어질 수 있기 때문이다. 누구를 어떻게 얼마나 보상해야 하는지에 대한 견해는 자신이 따르는 신념에 따라 달라질 것이므로 이에 대한 이견(異見)은 또 다른 갈등의 불씨가 된다. 우리 사회는 소위 '민주투사 보상'이나 '친일인사' 인명집 발간을 두고 사회적 갈등이 고조되었었다. 이런 활동들은 집권에 성공한 집단이 이에 실패한 집단들에 가하는 억압으로 볼 수 있다.

자유주의와 통합은 반대 사상이 아니다

바스티아(F. Bastiat)가 '법적 약탈(legal plunder)'이라고 부른 입법, 즉 부자의 것을 그들의 진정한 동의가 없는 상태에서 입법을 통해 고율의 세금으로 가져와서 가난한 자에게 무상으로 분배해주는 정책도 일정 수준을 넘는 순간 부자들의 반발로 사회적 갈등을 초래하고 그들의 회피(국외 탈출) 탓에 실효를 거두지도 못한다. 그래서 사회적 갈등을 치유하여 사회적 유대를 높이는 근본적 방법은 결국, '차이를 관용하는' 자유주의와 자유시장의 고양을 통한 사회적 유대의 형성과 발전이라고 할 수 있다.

사람들을 피비린내 나는 전쟁의 소용돌이로 몰아넣기도 했던 종교적 갈등의 경우에도 이를 치유하고 사회통합을 이루어낸 사상이 자유주의였다. 서로 다른 종교를 가진 집단의 사람들을 교류하게 함으로써 다른 종교를 믿는 사람이 자신에게 그의 종교를 강요하지 않는 한, 그리고 그가 그에게 자신의 종교를 강요하지 않는 한 서로 적(敵)이 아니라 친구로 지낼 수 있음을 깨닫게 한 것은 바로 자유시장이었다.

서로를 필요로 하는 정도가 커질수록, 그리고 사람들 사이에 서로 더 많이 교환 활동을 할수록, 사회적 유대가 형성되고 더 커진다. 경우에 따라서는 언어와 인종, 심지어 종교적 차이와 장벽을 넘어서서 그런 유대가 만들어지기도 한다. 자신에게 도움을 주는 사람에게 얼굴을 붉힐 이유가 없고, 그래서 좋은 사이가 될 개연성이 높다.

일찍이 리카도는 비교우위의 법칙을 통해 모든 점에서 다른 사람들에 비해 강점이 없는 사람도 상대적으로 잘하는 것이 있으면 다른 사람들에게 도움을 주고 또 다른 사람으로부터 도움을 받을 수 있음을 갈파한 바 있다. 변호사 갑돌이가 비서 갑순이보다 변호도 잘하고 비서일도 탁월하더라도 변론으로 더 큰 돈을 벌 수 있다면 모든 면에서 열등한 갑순이가 갑돌이에게 비서일을 제공함으로써 서로 도움을 줄 수 있다. 미제스(Ludwig von Mises)는 이런 비교우위의 원리에 따라 사회에서 사람들이 서로 어울려 협력을 하는 경향이 있음을 지칭하기 위해 '어울림의 법칙(law of association)'이라는 용어를 만들기도 하였다.

재산권 인정에서부터 통합은 시작된다

사실 사회적 갈등도 대개 명예를 포함한 희소한 사회적 자원을 둘러싼 갈등으로 볼 수 있다. 경제학이 발견한 이런 갈등에 대한 최선의 해결 방법은 사적 재산권의 설정과 보호다. 재산권의 설정과 보호는 노동의 분업을 촉진시키고, 노동의 분업을 통해 우리는 우리가 잘하는 것을 생산하고 그것으로 남들이 잘하는 것을 교환하며 산다. 시장제도의 복잡한 발달도 결국 재산권을 확정하고 거래에 필요한 다양한 비용들을 줄이는 장치들이다.

'좋은 울타리가 좋은 이웃을 만든다'는 서양 속담은 잘 획정된 재산권이 이웃 간의 평화에 필수적임을 말하고 있다. 남의 경계를 침범했는지 여부가 불명확할 때, 자신은 자신의 땅 안에 있다고 생각하지만 이웃 사람은 자신의 경계를 침범했다고 여긴다. 이 경우 서로 간 교환을 통한 이득을 누리기는커녕 분쟁을 야기하고 평화는 깨어지게 된다.

그래서 부자들의 재산에 약탈적 세율의 세금을 부과한 다음 가난한 사람들에게 각종 수혜자격들을 부여해 나누어주면서 가난한 이들에게 '가난이 그들의 잘못이 아니라 사회의 책임'이라고 위로한다고 사회 갈등이 감소하는지도 불확실하다. 장기적으로는 그 반대가 될 수 있다. 그런 정책이 보편화되면, 빈자들은 부자들의 재산과 소득이 상당 부분 사회에 환원되어야 할 것으로 인식할 수 있다. 반면 부자들이 그렇지 않게 생각한다면 부자들의 재산에 대한 경계가 애매해져서 정치적 투쟁을 불러올 것이다. 더구나 성장하는 경제에서 소득격차에 따른 갈등이 작아진다는 점을 감안하면, 재산권의 약화에 따른 경제성장의 둔화는 사회적 갈등을 확대시킬 것이다.

아담 스미스가 『도덕감정론』에서 지적한 지혜를 빌려 결론을 내리자면 이렇다. "사회를 건물에 비유하면, 재산권의 보호는 기둥이고, 자선은 건물을 꾸미는 장식이다. 기둥이 잘못되면 건물이 붕괴한다. 장식을 잘 꾸미려다 사회통합의 기초를 붕괴시키지는 말아야 한다."

[통합은 좋고
분열은 나쁜가?]

한림대학교 정치행정학과 교수 김인영

　박근혜 정부가 출범하며 사회통합 논의가 새롭게 활발해졌다. 18대 대통령직 인수위에서는 사회통합도 모자라 '국민대통합위원회'가 발족하였다. 최근에는 한국의 사회 갈등 수준이 OECD 주요 회원국 가운데 세 번째로 심각함에도 불구하고 '갈등관리 역량'은 최하위권이라는 삼성경제연구소 연구결과 발표도 있었다. 그러면 통합은 무조건 좋고 분열은 무조건 나쁜가?
　결론은 그렇지 않다. 삼성경제연구소의 연구 결과도 지적하고 있지만 나라마다 분열과 분쟁의 종류가 다르고 사회적 영향도 다르다. 인도나 영국(북아일랜드)처럼 종교로 사회가 분열되어 있고 종교분쟁 때문에 갈등이 고질적인 국가도 있고, 스페인(바스크 지역)처럼 민족 분쟁이 첨예하여 분리독립 요구에 직면한 국가도 있다. 우리 사회는 노사 갈등은 있지만 종교 갈등은 없다. 지역 갈등은 있지만 민족 갈등은 없다. 우리 사회의 지역 갈등과 계층 갈등, 세대 갈등의 악화 가능성을 지적할 수는 있으나 지역 갈등이 지나쳐 분리독립을 요구하는 수준도 아니고 계층 갈등과 세대 갈등이 분쟁으로 치달을 수준도 아니다. 결론적으로 분열이 봉합되지 않으면 사회불안 요인이 되기는 하지만 사회 갈등을 침소봉대하여 지나치게 과민 대응하는 것은 사회·경제적 낭비라는 것이다.

적당한 분열은 사회를 성장시키는 동력

엄밀하게 보자면 민주주의 사회에서의 분열은 당연하고 정치가 존재하는 이유(raison d´être)이다. 사회가 지나치게 통합되거나 극단적으로 일치하는 것을 추진하게 되면 그것은 전체주의이고 파시즘이고 나치즘이다. 즉 분열 그 자체를 없애고 하나의 이데올로기로 통합하려 한다면 그것은 전체주의로의 길이다. 분열을 없애고 전체주의가 만들어낸 대통합의 결과는 1개의 이데올로기, 1개의 정당, 1개의 의견만 존재하는 사회다. 소련 전체주의와 유고 공산주의가 무너지자 민족들은 분열하여 각자의 국가를 세웠다. 민족의 다름을 인정하지 않고 지나치게 국민통합을 추진했던 결과였다.

전체주의와 달리 민주주의 국가에서 정당들은 유권자들의 분열, 즉 균열에 기초해왔다. 이러한 사회균열(social cleavage)에 근거하여 (서구의) 정당들이 만들어졌다. 그리고 경쟁과 타협의 정당체계를 형성해 갔다. 정치학자 립셋과 로칸(Lipset and Rokkan, 1967)은 서구에서 국민혁명(national revolution)과 산업혁명(industrial revolution)을 거쳐 20세기에 접어들어 다양한 사회균열 구조가 점차 자본가-노동자 계급 중심으로 결빙(freezing)되었다는 결빙명제(freezing proposition)를 제시하였다. 사회균열이 정당을 만들었고, 사회균열 구조가 정당체계(party system)를 결정했다는 주장이다. 다시 말하면 정당정치, 즉 정당민주주의는 사회와 유권자들의 분열에 기반을 두는 것이다. 분열에 근거한 이해관계의 갈등을 적절히 조정하고 타협에 이르는 것이 민주주의 정치이다. 그래서 민주주의는 서로 다름에 대한 인정(agree to disagree)이다. 통합이 좋은 것만도, 분열이 나쁜 것만도 아니다. 문제는 갈등을 관리하는 '역량'과 통합에 이르는 '규칙(rule)'이다.

통합을 위한 방안

우리 사회 통합을 위한 몇 가지 방안을 제시하면 다음과 같다. 첫째, 상대에 대한 인정이다. 사회에서 다름에 대한 인정이다. 무조건 싫거나 이유 없이 반대해서는 공존이 이루어질 수 없다. 한-칠레 FTA도 되고 한-EU FTA도 되지만 한-미 FTA는 절대로 안 된다거나, 무슨 이유에서든 제주에 해군기지는 안 되고, 노조는 무조건 옳고 대기업은 무조건 잘못이고 중소기업은 무조건 보호해야 한다는 무조건 의식은 사회통합에 부정적이다. 이제 우리 사회의 무조건 반대, 무조건 찬성은 합리적 반대, 합리적 찬성으로 변화되어야 한다.

'합리적' 다름은 사회통합의 첫걸음이다.

둘째, 정치 엘리트들의 역할이다. 정치 엘리트들이 타협의 용기와 지혜를 가져야 한다. 과거 권위주의 시절 타협은 곧 변절을 의미했었다. 하지만 우리 사회의 민주주의는 공고화를 넘어 문화 속 정착을 향해 가고 있다. 이제 여야 정치권은 타협을 일상화해야 한다. 그래서 정치를 타협의 과정이라고 부르는 것이다. 최근 국회에서 벌어진 여야의 정부조직법 협상은 타협의 중요성과 필요성을 일깨워 주고 있다.

반면에 민주주의하의 국민은 적어도 정치인의 타협을 기다릴 줄 아는 인내와 사회적 다름에 대한 관용(톨레랑스, tolérance)의 미덕을 가져야 한다. 그래서 성숙한 민주주의는 운영이 어렵다. 그리고 아무나 할 수 있는 것도 아니다.

셋째는 법치(法治)다. 민주주의에서 법치는 타협되지 않는 분열을 극복하는 마지막 장치다. 사회가 심각한 분열로 타협에 이르지 못한다면 결정은 다수결이든 비례에 의한 나눔(합의제)이든 법(法)으로 정한 방식으로 결정에 이르러야 한다. 합리적 토론이 끝나면 법에 따라 신속한 결정이 이루어져야 한다는 의미이다. 법에서 정한 방식에 의한 결정임에도 불구하고 반대하며 계속 폭력을 사용하는 세력은 더 이상 사회통합의 대상이 되지 못한다.

우리 사회가 과거에 공동체적 동질 사회였음을 기억하고 다시 그러한 대통합의 동질사회로 가야 한다는 국민통합식 주장은 강박 의식이자 정치적 목적의 슬로건이다. 균열, 분열, 갈등의 존재와 위험성을 부정해서는 안 되지만 이러한 현상들에 지나치게 과민 반응할 필요도 없다. 민주주의에서 정당정치와 법치가 제대로 된다면 균열과 분열은 사회 발전의 동인이지 나쁜 것이 아니다.

[통합은 주도 세력의 형성과 발전 모델의 공유]

나라정책연구원 원장 김광동

　박근혜 정부는 국민통합을 국정과제로 설정해왔다. 대선 기간 내내 국민통합을 강조했고 인수위원회 활동은 물론, 정부 출범과 함께 대통령직속으로 국민통합위원회를 발족시켜 가동할 것을 밝혔다. 국민통합이란 과제를 성공적으로 수행하기 위해서는 먼저 박근혜 정부에게 주어진 5년은 매우 짧고 통합 기반은 지극히 빈약하다는 것부터 인식해야 한다. 가장 본질적 문제에 고단위 처방을 감행하지 않고는 흉내만 내다 5년은 흘러가버린다. 좌고우면하거나 이리저리 눈치를 볼 만큼 한가하지도 않고 그래서는 결과도, 업적도 없다. 박근혜 정부가 국민통합에 성공적으로 기여한 정부로 남는 길은 선거 결과로 나타난 국민명령(mandate)을 명확히 이해하고 국가가 가야 할 방향성을 국민과 함께 공유하는 데 있다.

누구의 이야기를 먼저 들어야 할까

박근혜 정부는 먼저 국민명령을 수행할 국가 주도 세력의 형성을 확고히 해야 한다. 주도 세력의 능력과 수준이 곧 박근혜 정부의 수준이다. 국가 주도 세력의 형성 없이 할 수 있는 것도 없고 국정의 일관성도 견지될 수 없다. 그것은 민주적 선거 결과나 국민명령을 '없던 것으로 하자'는 말의 다른 표현이다. 일관된 주도 세력을 갖추지 못하면 국정 표류로 가게 되고 정부는 신뢰를 잃게 된다. 그렇게 되면 그때부터 정부가 치중하는 일이란 빠져나가는 국민 지지를 만회하고자 하는 일회성의 포퓰리즘적 국정 운영이고 비판 세력에 대한 구걸과 나눠주기다. 530만 표 차이라는 엄청난 지지를 기반으로 중도실용과 서민중심의 국정을 지향했던 이명박 정부가 국민 지지를 얻기 어려웠던 것도 정부를 만든 주도 세력의 형성과 확고한 지지를 근간으로 하지 않았기 때문이다.

어설픈 균형과 애매한 중도만큼 무책임한 것이 없다. 그것은 누구의 지지도 받지 못한 채 식물 정부를 만들 뿐이며 국민명령을 수행하는 권력이 아니라 자기 생존을 위한 권력일 뿐이다. 성공한 정부를 만들기 위해선 선거에서 만들어진 통치연합(governance coalition)을 중시하고 이를 강화 확대시켜야 한다. 박근혜 정부를 만든 52%의 국민을 믿고 그들이 자신들의 선택이 옳았다는 것과 그 정부를 만든 것에 자부심을 느끼며 지지를 확대시키는 방향으로 가야 한다. 정부를 국정의 중심이 아니라 지지를 부탁하는 구걸의 주체로 전락시켜서는 안 된다. 그것은 정부를 만든 52%의 지지를 더욱 강화시키며 추가적 10% 국민 지지의 확대라는 방향에서 통합 방식을 찾아야 한다. 명확한 주도 세력을 중심으로 국민 참여와 지지를 끌어내고 그 기반으로 일관된 정책 수행을 집행해 나갈 때 비로소 작은 성공의 길이 보이는 것이다.

역사와 미래에 대한 방향부터 잡아야 한다

확고한 주도 세력의 강화를 기반으로 국가가 가야 할 방향성을 확립하고 국민적 공유 기반을 확대해야 한다. 정체성의 공유 없이 사회통합이 있을 수 없고, 가고자 하는 방향이 전혀 다른 사회에 국민통합도 있을 수 없다. 대한민국이 가야 할 발전 모델을 북한이나 쿠바로 보는 전체주의적 사고에서부터 이제 막 중진국을 탈피한 나라를 갑자기 덴마크나 스웨덴 같은 국민소득 5만 달러 이상의 소규모 국가들과 비교해가며 잘못된 나라로 규정짓는 광범위한 스펙트럼이 혼재하는 현실이다. 더구나 제2차 대전 이후 가장 성공한 나라를, 정통성도 없고 정당성을 상실한 주도 세력이 끌고 온 실패한 정부라는 인식과 잘못된 지도자들의 나라라고 하는 평가가 광범위하게 엄존해 있다. 모든 것이 어렵고 부족했던 시대를 뚫고 빛나는 역사를 만들며 헤쳐 나왔음에도 불구하고 완벽과 성숙이란 잣대를 들이대며 전체를 부정하는 과도한 비판과 부정적 인식이 확산되어 있는 상황이다. 만들어온 역사와 가고자 하는 방향에 대한 합의가 곧 국가정체성이고 공동체성이다. 공동체성을 확립하고 공유하면서 하나 된 방향성을 합의해 나가는 것에서 사회통합의 수준은 한 단계 성숙될 것이다.

국민적 합의 수준의 향상

결론적으로 우리 사회의 국민통합은 곧 대한민국의 정체성에 대한 공유, 그리고 우리 현대사에 대한 긍정적 인식과 계승 발전에 대한 합의, 그리고 우리가 가야 할 공동체의 미래상에 대한 공유 수준과 깊이와 밀접히 연결되어 있다. 그런 기본 가치에 대한 합의 기반의 부재로부터 바로 불신과 배제, 그리고 갈등이라는 막대한 사회비용이 발생되고 있는 것이다.

더구나 한국 사회는 북한이란 전체주의로부터 주권과 체제에 대한 항상적 위협을 받는 남다른 특수사회다. 북한이 주도하는 '선전·선동'과 '통일전선'이 일상적으로 한국 사회를 분열과 갈등 조장 국면으로 몰아가는 자력(磁力)이 작동되는 상황이다. 그런 면에서 우리는 한국이 가야 할 방향과 목표에 대한 지향점을 전혀 달리하는 광범위한 세력과 단체들이 영향을 미치고 있다는 엄연한 사실까지도 감안하면서 국가정체성에 대한 합의 수준을 높여 나가야만 한다. 그것이 우리 사회의 국민통합을 이루는 근간이다.

국민통합은 정체성 확립부터

한국경제연구원 사회통합센터 소장 현진권

　박근혜 대통령 당선인은 국민대통합을 국정운영의 중요한 목표로 제시했다. 사회의 모든 이슈에 대해 소득계층, 지역, 세대, 이념 등으로 분열된 우리 사회를 볼 때, 국민대통합은 시급히 이루어야 할 현안이다. 그러나 이는 쉽지 않다. 역대 정부에서 모두 국민통합을 외쳤지만, 성공한 정권은 없었다. 국민통합은 구체적 정책이 뒷받침되지 않는 정치 구호적 성격을 가지므로 쉽게 추진력을 잃어버리게 된다. 박 당선인이 약속의 실천을 강조해 온 만큼 역대 정권의 실패를 반면교사 삼아 성공적으로 국민통합을 이루길 기대한다. 국민통합을 위해 가장 중요한 것은 구체적인 방향을 확실히 정립하는 것이다. 통합은 단순히 여러 가지 것들의 섞임이 아닌 우리 사회가 궁극적으로 지향하는 방향으로의 통합이어야 하기 때문이다.

구호 이전에 논리가 뒷받침 되어야

통합 그 자체가 아닌 통합의 방향성이 중요하다는 예시로 필자가 자주 드는 사례가 통일에 관한 노래이다. 우리 국민이 즐겨 부르며 정서적으로 공감하는 대표적인 노래로 「우리의 소원은 통일」을 들 수 있다. 가사에 담긴 통일에 대한 염원에는 국민들의 일치된 공감이 있을지라도 실제 정책에 있어선 통일 그 자체만 바라보는 접근을 경계해야 한다. 통일같이 모든 국민에게 영향을 미치는 정책은 감성적인 차원을 넘어 냉철한 논리가 뒷받침돼야 한다. 소원이란 경제적 비용이 아무리 높아도 해야 하는 절대적인 경지를 의미한다. 통일이 우리 국민의 소원이라고 북한에 대한민국을 가져다 바칠 수 있을까. 시장경제 체제를 포기하고 사회주의 체제로 넘겨서 얻는 소원 성취를 원하는 국민은 몇몇 종북주의자를 제외하고는 없을 것이다. '우리의 소원은 통일'이라는 이면에는 그 통일의 방향이 자유주의와 시장경제 체제일 것임을 묵시적으로 가정하고 있는 것이며 국민들의 공감은 바로 여기에 깃들어 있는 것이다.

신뢰의 축적이 우선

박 당선인이 내세운 '국민대통합'이란 용어는 정치적 표현이며, 학문적 영역에선 '사회통합(social cohesion)'이란 용어를 사용한다. 사회통합이란 저성장이 일상화된 우리 경제 환경 속에서 우리 경제가 새로운 패러다임으로 들어가기 위한 사회자본(social capital)이다. 이는 신뢰(trust)로 표현할 수 있다. 지금까지는 자본과 노동 등과 같은 경제적 요인을 통해 경제성장을 할 수 있었지만, 이제 신뢰와 같은 사회자본이 축적되어 사회통합이 이루어져야만 좋은 정책을 추진할 수 있다. 이명박 정부 초기의 촛불시위는 국익을 위한 정책도 사회통합이 되지 않으면 제 효과를 발휘할 수 없고 그것이 또 다른 사회 분열의 씨앗이 된다는 것을 보여준 단적인 예다.

사회통합의 기본방향은 자유주의와 시장경제체제

감성적인 정치 용어는 분열과 혼란을 가중시킬 뿐 사회통합을 이루기 위해서는 사회통합의 방향을 제대로 잡아야 한다. 사회통합을 계층, 세대, 지역별 단순한 섞음, 인위적 나누기로 이룰 수 있다고 생각하면 반드시 실패한다. 적당히 감성적인 정치 용어를 개발하여 선전하는 수준의 사회통합이라면 이는 분열을 원하는 진영의 먹잇감이 된다. 사회통합의 기본방향은 '자유주의와 시장경제체제'이다. 이미 헌법에 명시된 우리의 정체성이지만, 우리의 정체성마저도 많은 위협 속에서 지켜내야 하는 세상이 되었다. 말로는 통합과 상생을 운운하면서도 그 속내를 들여다보면 대한민국의 체제를 부정하거나 이에 더해 북한의 체제를 옹호하고 대한민국에 대한 적개심을 드러내는 집단도 엄연히 존재한다.

이들 집단은 국민이라는 이름으로 우리 공동체 내에 존재하지만, 결국 정부의 어떠한 정책도 부정하고 사회분열을 시도하는 집단이다. 이명박 정부 초기의 촛불시위도 이들 집단들의 선동이 주요한 요인이다. 이들 집단에게 사회통합이라는 어설픈 손짓은 활동 무대를 마련해 주는 것이자 결국 제2의 촛불시위의 가능성을 열어주는 계기가 된다. 박근혜 당선인은 '100% 대한민국'을 이야기하였으나 현실에서 국민 100%를 위한 사회통합은 없다. 우리 정체성을 인정하지 않는 집단에겐 사회통합이라는 손짓보다는 우리의 정체성을 지키기 위해 법치주의를 앞세워야 한다. 선동에 능한 이들 집단에겐 사회통합을 통해 정치적 선동 기회를 주어선 안 된다. 이들은 과거에도 이런 기회를 활용하여 자신들의 논리만을 내세우고 이것이 받아들여지지 않으면 그 책임은 소통 부재의 정부 탓으로 돌려왔다. 사회통합의 기본 방향으로 국가정체성 확립의 중요성을 분명히 해야 한다.

발전적인 갈등의 힘에 대한 이해

사회통합은 소득계층, 지역, 세대, 이념 등으로 나누어 볼 수 있다. 그러나 이들이 서로 다르기 때문에 골고루 섞는 것을 통합이라고 생각해선 안 된다. 시장경제 체제를 가진 국가 치고 소득불균형이 없는 나라는 없다. 지역 간 갈등에서 선진국이라고 예외가 아니다. 세대와 이념을 어떻게 통합할 수 있을까. 우선 통합에 대한 기본 시각을 바꿔야 한다. 통합의 반대는 갈등이다. 갈등은 우리 사회의 발전 원동력이 될 수 있다. 개인의 발전도 자아 갈등에서 시작한다. 자아 갈등 없이 개인의 정신적 성장과 지적 독립은 불가능하다. 사회적 갈등도 마찬가지다. 계층, 지역, 세대, 이념 간 갈등은 어찌 보면 자연스러운 현상이다. 이를 나쁘게만 보고 제거하려고만 들어선 안 된다. 중요한 것은 이런 갈등을 우리 사회가 발전하기 위한 에너지로 전환하도록 하는 것이고 이 과정에서 갈등이 서로를 적으로 돌리는 극단으로 가지 않도록 하는 것이다. 사회통합의 기본 방향은 자신과 다른 상대 진영을 인정하는 것에서 출발한다. 나와 다른 것은 곧 틀린 것으로 규정하고 상대를 바꾸려고만 들면 문제가 생긴다. 법질서 범주

속에서 상대방 간의 차이를 존중하는 사회가 통합사회인 것이다.

진중한 정책 설정이 우선 되어야

사회통합을 앞세우면서 가장 오류를 범하기 쉬운 분야가 소득계층 간 통합정책이다. 소득 차이를 인정하지 않고, 무리하게 무조건적 세금과 무차별적 복지로 소득 차이를 과감하게 줄여보려는 정책 방향은 필연적으로 사회통합이 아닌 사회 분열을 가져온다. 정부는 일정 수준의 소득재분배 기능을 해야 하지만, 성장 속도를 고려하지 않은 무조건적 조세 및 복지정책은 우리 사회를 피폐하게 만들고 그로 인해 분열된다. 지역, 이념, 세대 영역에 비해 소득계층 영역은 상대적으로 정책 목표와 수단이 논리적으로 뚜렷하므로, 정치권 및 관료들은 이런 정책 추진을 선호하게 된다. 박근혜 당선인이 국민대통합을 기치로 내세웠으므로 정치권과 관료들은 앞다투어 정책 경쟁을 할 것이고 이때, 가장 가시적이고 손쉬운 것이 소득불균형 완화를 통한 국민통합이다. 국민통합 의

지를 너무 강하게 보이면, 어설픈 정책 수단이 서둘러 개발될 수밖에 없다. 그 결과는 우리가 과거 정부들에게서 보아 왔듯 오히려 더 큰 분열이었다. 이런 과오를 새겨 새 정부는 진정한 통합의 교두보를 쌓을 수 있기를 희망한다.

사회통합위원회와
국민대통합위원회

서울대학교 정치외교학부 교수 안도경

사회와 국민의 통합을 명분으로 추진되는 여러 정책에 대한 우려의 목소리가 높다. '사회통합'은 이명박정부에서 고건 전 총리를 초대 위원장으로 하여 2009년 12월에 발족한 사회통합위원회를 중심으로 추진되었다. 일 년에 약 40억 원 정도의 예산을 사용했으며, 대부분 정부 각 부처로부터의 파견 인력으로 구성된 수십 명 규모의 업무지원단을 바탕으로 운영되었다. 전국과 지역 차원에서의 토론회를 개최하였고, 대학 시간강사제도 개선, 근로빈곤층 사회보험료 지원 등과 같은 정책이 추진되도록 역할을 하였으며, 선거제도와 다문화정책 등의 주제에 대한 연구보고서를 작성하였다. 사실 거창한 이름에 비해서 별로 한 일이 없었다는 평가도 있다. 예를 들어 대표 업적으로 논해지는 대학 시간강사 처우 개선도 원래 올 3월부터 시행예정이었으나, 시간강사들의 저항으로 일 년간 유예되어 있는 상황이다.

박근혜 정부 출범 이후 사회통합위원회는 해산(활동 종료)하였고, 대신 국민대통합위원회 설치규정제정안이 2013년 4월 초에 입법예고 절차를 거쳤다. 조만간 한광옥 전 의원을 위원장으로 하여 위원회가 출범할 것으로 예상된다. 국민대통합위원회에서는 대체적으로 볼 때 '정치적' 통합에 방점이 찍히지 않을까 한다. 새누리당의 2012년 대통령선거공약집에 수록된 국민대통합 관련 공약은 '역사와의 화해'를 핵심어로 하고 있으며 '부마민주항쟁 명예회복' '긴급조치피해자 명예회복'을 두 가지의 구체적인 목표로 설정하고 있다. 따라서 국민대통합위원회는 그 공약에서 제시한 관련 활동들, 즉 재단 설립, 보상기준 마련 및 보상 등과 같은 활동을 주로 할 가능성이 높다. 그러나 대통령직인수위원회 산하 국민대통합위원회가 이념통합, 지역통합, 계층통합의 3대 통합 과제를 제시하고 활동한 것에 비추어 볼 때, 박근혜 정부의 국민대통합위원회도 분과위원회를 중심으로 사회통합위원회가 했던 활동, 즉 소외계층을 위한 정책 연구와 제안도 하게 될 것으로 보인다.

정치적인 '국민대통합'과 별도로 박근혜 정부에서 '사회통합' 정책은 이명박 정부에서와는 비교할 수 없을 정도의 폭과 깊이로 수행될 것이며 자문위원회의 틀이 아니라 청와대와 정부 핵심 부처에 의해 주도될 것이다. 이미 반값 등록금, 무상보육, 중소기업 적합업종 지정, 국민행복기금, 대기업 신규 순환출자 금지 등이 범정부 차원의 핵심정책으로 설정되어 일부는 실행 중이다. 연일 관련 관료들이 대통령의 뜻을 받들어 이러한 정책들을 밀고 나가겠다는 의지를 천명하고 있다.

시장원리와 국민적 공감의 접합점

정부의 이러한 경향에 대해서는 우려의 목소리가 작지 않다. 왜 그러한가? 첫째는 정책의 현실적 효과에 대한 우려다. 즉, 이 정책들이 특정한 사회경제적 '결과를 입법'하려 시도하고 있으며, 그러한 시도는 필연적으로 의도되지 않은 부정적인 결과를 초래한다고 보는 것이다. 장기적인 관점에서 보자면 그 정책들이 수혜층으로 설정하고 있는 사람들이 정책의 가장 큰 피해자가 되기도 한다. 둘째는 그러한 정책들의 근저에 놓여 있는 사회질서와 정치공동체에 대한 이해 방식에 대한 우려이다. 자생적인 질서에 대한 불신, 가격이라는 단순한 신호를 매개로 자유로운 개인의 선택을 효율적인 재화의 생산과 분배로 이끌어내는 시장의 원리에 대한 이해의 부재를 우려한다. 또한 인류 문명이 발전시켜온 정치공동체의 근본 가치인 자유, 민주주의, 그리고 법의 지배가 각기 독립적이며 상호 간의 긴장 속에서 힘들여 조화시켜야 할 것이라는 점을 이해하지 못하고 '민주주의'만을 강조하는 포퓰리즘에 대한 우려이기도 하다.

필자는 이러한 우려들에 대체로 동의한다. 다른 한편 필자가 보기에 통합을 위한 정책적 시도들에 대해 시장과 자유민주주의의 근본적 개념들을 바탕으로 해서 비판 일변도의 태도를 취하는 것 역시 현명하지 못하다. 혼자 올바른 말을 하는 것보다 함께 올바른 생각을 하도록 이끄는 것이 더 중요함을 명심할 필요가 있다. 그러기 위해서는 표출되는 사회적 증상들에 대해 공감하고, 공감한 바를 적극적으로 표현하여야 한다. 해로운 이념과 잘못된 정책을 선동하는 정치인과 지식인을 대상으로 하는 말 또는 집단 이기주의의 폭력적인 표출에 대처하는 언어가, 많은 국민이 느끼는 불안과 상대적 박탈감에 대해 소통하는 언어가 될 수는 없다.

정치와 정책에 대한 시민의 입장은 논리적인 주장과 논증에 크게 영향 받지 않는다. 한편으로는 자신의 처지와 이해관계에 의해서 영향을 받으며 자신의 처지와 직접적인 관련이 없는 문제들에 대한 견해는 문화적인 취향과 마찬가지로 여러 가지의 우연적, 간접적 요인들에 의해서 형성되고 변해가게 되어 있다. 많은 시민들이 비교적 장기간에 걸쳐 형성해 온 감성 및 그 표현에 대하여 이론적으로 논박하는 것은 큰 의미가 없다. 사회상태의 증상(symptom)을 증상으로서 받아들여야 하며, 증상의 표출 자체에 비판적인 태도를 취해서는 안 된다. 급격한 성장과 세계화의 물결과 삶의 불확실성이 커졌고 시민들은 이에 대해 해결책을 요구할 수밖에 없다. 이 문제들이 근본적으로 해결 가능한가는 별도의 문제이다. 성장을 저해하지 않으면서도 불안을 줄이고 긍정적으로 사회보장의 확대 방안이 무엇인가를 적극적으로 찾아나가야 한다.

지도층의 역할이 중요한 때

무엇보다 중요한 것은 사회의 지도층이 권위를 권리가 아니라 책임으로 인식하는 것이다. 권위가 없이 사회가 통합될 수 없다. 민주주의에서 권위는 공권력에 의해서가 아니라 각계에서 지도적 위치에 있는 사람들에 대한 대중의 신뢰에 의해 유지된다. 즉, 각 분야를 이끄는 사람들의 전문성과 책임성에 대한 믿음을 바탕으로 시민들이 기꺼이 자발적으로 위임하고자 할 때 민주적 권위가 성립하고 그러한 위임을 바탕으로 효율적 의사결정이 가능해진다. 그러한 신뢰는 정책의 내용에 대한 직접적인 논증을 통해 단기적으로 만들어지는 것이 아니다. 오히려 결정하는 사람들과 이끄는 사람들에 대해 장기적으로 형성되는 신뢰가 정책에 대한 간접적 신뢰로 이어지게 된다. 시민들은 다음과 같은 기준으로 판단할 것이다. 자유민주주의와 시장경제체제를 기본으로 지금 대한민국을 이끌어 가는 사람들은 어떠한 사람들인가? 청렴한가? 유능한가? 전문성과 권한을 과시하는가? 아니면 고통을 듣고 소통하려 하는가? 사회적 증세를 인정하고 공감하려 하는가? 눈앞의 정책들의 포퓰리즘에 대해 우려하는 것만큼이나 지도층들이 장기적 안목에서 사회적인 신뢰를 쌓아가고 있지 못함을 우려해야 할 것이다.

누가 국민통합을 해치는가?

자유경제원 전략실장 권혁철

    무언가를 구입하기 위해 혹은 어딘가에 입장하기 위해 길게 줄을 서 있는 중에 늦게 온 몇 사람이 새치기를 하여 먼저 입장한다. 그리고 이 와중에 줄이 불분명해지고 급기야 줄이 무너져 버린다. 원칙이 사라지면 늦게 온 자, 힘 있는 자, 염치를 모르는 자, 목소리 큰 자, 먼저 왔다고 우기기 잘하는 자, 타인의 자리를 자신의 자리라고 떼쓰는 자 등등이 앞자리를 차지한다. 묵묵히 자신의 자리를 지키며 차례를 기다리던 일반 사람들은 뒷자리로 밀리기 일쑤다. 이렇게 어이없게 뒷자리로 밀리게 되는 보통 사람들의 머릿속에는 차례를 어기고 새치기를 하는 자들에 대한 분노와 함께 '왜 지금까지 차례를 기다리며 서 있었을까' 하는 회의가 짙게 들게 마련이다. 이런 상황에서 자기 차례를 착실히 지키라는 이야기는 분노만을 더 키울 뿐이다. 작금의 우리 사회에서 벌어지고 있는 일들이 이런 지경이다.

정책보다 원칙

최근에 발표된 국민행복기금을 보자. 국민행복기금은 지난 2013년 2월 기준 6개월 이상 연체한 채무자의 빚을 최대 50%까지 탕감해준다. 어려운 살림에도 불구하고 꼬박꼬박 빚을 갚아가던 사람들이 빚을 갚지 않는 사람들에게만 빚을 탕감해 준다는 말을 들을 때 얼마나 허탈해하고 열심히 자기 책임을 다하며 살았던 것에 회의를 느낄 것인지 상상해 보라. 5개월 연체한 사람은 1개월 차이로 특혜를 받을 수 없다는 말에 빚을 끝까지 갚아보려고 발버둥 쳤던 자신의 행동이 얼마나 미울 것인지 헤아려 보라. 그리고 앞으로 어떤 일들이 벌어질 것인지도 생각해 보라. 열심히 자신의 책무를 다했다는 이유로 특혜에서 제외되는 자들의 허탈과 한숨과 분노, 특혜를 받는 자에 대한 시기와 질투, 특혜를 받기 위한 갖가지 술수와 거짓의 횡행, 다음에 있을 특혜를 기다리며 '자발적'으로 연체하겠다는 결심 등등. 이런 사회에서 국민통합이란 말은 어불성설이다.

 박근혜 정부 들어 국민통합이란 말이 화두로 등장하고 있다. 하지만 정부가 진정 살펴봐야 할 것은 정부 스스로가 국민통합을 저해하고 있는 것은 아닌가 하는 것이다. 박근혜 대통령의 아버지인 고 박정희 전 대통령은 국민들에게 이렇게 호소했다. '잘살아 보세, 우리도 한번 잘살아 보세!' 이 호소는 희망과 건설과 개척의 메시지다. 당시 국민들은 '나도 노력하면 잘살 수 있다'는 희망, '내 가족은 내가 책임진다'는 책임감을 갖고 국내외의 산업 현장에서 열심히들 뛰었다. 그 결과 우리는 세계가 놀란 '한강의 기적'을 이루어냈다. 온 사회가 성공과 자립을 향한 열정으로 하나가 되어 있었다. 국민통합은 저절로 이루어졌다.

통합은 스스로의 책임이자 결과

그런데 언제부터인가 우리나라 정치 지도자들은 국민들에게 희망과 건설과 개척의 메시지 대신에 '가난의 대물림' '대기업의 탐욕' '부익부빈익빈' 등 절망과 파괴와 안주(安住)의 메시지를 계속해서 보내고 있다. 그러면서 '국가가 도와주겠다'고 하는 만능 복지국가의 신화를 덧씌워간다. 아이를 낳아 기르는 것, 부모를 모시고 노후를 대비하는 것, 병들어 치료하는 것, 공부하는 것, 보금자리를 마련하는 것 등등 모두를 사회와 국가의 책임으로 돌리면서 해결해 주겠다고 한다. 국민들은 자신과 가족의 삶을 스스로 책임지는 대신 점점 타인의 주머니에 기생하여 살아가고자 한다. 선거를 치를 때마다, 정부나 정치권에서 입을 열 때마다 이른바 '가진 자'와 대기업들은 '이번에는 또 얼마나 뺏겨야 할 것인가?'를 걱정하고, 반면에 이른바 '못 가진 자'와 중소기업들은 '이번에는 또 얼마나 많은 떡고물이 떨어질 것인가?'를 기대하는 사회에서 통합은 이미 저 멀리 달아나 있다. 정부와 정치권 스스로가 국민통합을 저해하는 유발자인 셈이다. 유발자 스스로 국민통합을 이루겠다고 나서는 것도 우스운 일이다.

 이권 추구에 열중하고 권모술수와 각종 편법이 판치는 사회에서 국민통합은 먼 나라 이야기일 뿐이다. 국민 모두가 같은 규칙을 따르면서 '나도 할 수 있다'는 희망을 갖고 자신의 삶을 스스로가 책임지고자 할 때 국민통합은 이루어진다. 특혜와 특권을 폐지하고 법과 원칙에 충실한 정부만이 국민통합을 말할 수 있다.

통합의 기본 원칙은 자유주의와 시장경제다

PART 2

_ 자유시장에는 사회통합 조건을 충족하는 강력한 힘이 작동한다. 그 힘의 원천은 경제성장, 소득과 일자리 안정, 시장윤리의 준수, 법치주의다. 성장하는 경제에서만이 모든 사회구성원들이 삶의 개선을 위한 희망을 가질 수 있고 번영의 혜택을 향유할 수 있다.

[# 사회통합은
경제자유화를 통해서]

강원대학교 경제학과 교수 민경국

사회통합이 화두다. 이는 빈곤층 확대, 실업, 분배의 불평등 등으로 사회 갈등이 매우 심각하다는 진단에서 나온 것이다. 시장경제는 그런 갈등의 원인이기에 국가 개입을 통해서 갈등의 원인을 제거해야 한다고 주장한다. 자유시장은 사회통합 능력이 없다는 얘기다. 그러나 사회통합의 조건을 염두에 둔다면 자유시장이야말로 사회통합의 지름길이라는 것을 직시해야 한다.

사회통합의 조건

우선 주목할 것은 사회통합의 조건이다.

첫째로 사회구성원들이 재산과 소득을 획득할 기회가 광범위하게 분산되어 있는 경우에 그들의 통합이 가능하다. 일부 계층만이 그런 기회를 누린다면, 이는 갈등을 부른다. 둘째로 일자리와 소득의 안정이야말로 사회통합의 핵심 조건이라는 것도 직시할 필요가 있다. 셋째로 사회구성원들이 서로 신뢰하고 믿음을 가질 때 사회통합이 가능하다. 사회의 기본적인 도덕 규칙과 법 규칙을 준수할 때 그런 신뢰가 형성된다. 불신은 갈등의 원인이요 사회적 해체의 요인이다. 마지막 넷째로 사회통합을 해치는 것은 차별적 입법, 전관예우, 유전무죄의 표현처럼 법집행의 불공정이다. 정의의 공정한 관리야말로 사회통합의 중요한 요소이다.

자유시장과 성장을 가능케 하는 통합

흥미롭게도 자유시장에는 그런 사회통합 조건을 충족하는 강력한 힘이 작동한다. 그 힘의 원천은 경제성장, 소득과 일자리 안정, 시장윤리의 준수, 법치주의다. 성장하는 경제에서만이 모든 사회구성원들이 삶의 개선을 위한 희망을 가질 수 있고 또 번영의 혜택을 향유할 수 있다. 침체된 경제에서는 사람들이 절망하고 미래에 대한 비전이나 꿈을 가질 수 없다. 삶의 향상에 대한 기대가 좌절됨은 갈등의 씨앗이다.

성장하는 경제는 제로섬 게임이 아니다. 상류층은 물론이요 저소득층의 소득도 증가한다. 그런 경제만이 모든 사람들을 포용한다는 뜻이다. 그런데 성장하는 경제는 자유시장이라는 것을 직시해야 한다.

규제가 적을수록 세금이 낮을수록, 다시 말하면 경제자유가 많을수록 경제성장이 높다는 것은 통계적으로 입증된 명제다. 경제자유는 발전의 원동력으로서 새로운 지식과 기회의 창출 등, 기업가 정신의 활성화를 가능하게 하기 때문이다. 경제자유가 많을수록 일자리도 늘고 소득도 증대하기에, 성장하는 경제만이 일자리와 소득의 안정을 확보할 수 있다.

성장하는 경제만이 관용, 공정성에 대한 헌신, 민주주의에 대한 헌신을 촉진시켜 준다. 정직성, 약속 이행, 소유권 존중 등, 도덕 규칙을 준수하려는 동기가 자생적으로 형성된다. 그래서 신뢰 사회가 가능하다. 사회적 이동성을 자신의 현재와 미래의 처지에 대한 위협으로도 여기지 않는다. 나보다 잘사는 사람들에 대한 적대감도 없다. 경제 발전이 도덕의 심화를 부르고 이것은 사회통합을 가능하게 한다.

자유시장의 기초가 법치라는 것도 주지해야 한다. 법치란 특혜나 차별적 입법을 막아 재산권을 보호하고 공정한 재판과 법집행을 말한다. 법치만이 공정사회와 사회통합을 가능하게 한다.

경제자유와 법치가 답이다

간섭주의 정책은 마치 사회통합을 개선하는 것처럼 보이지만 경제에 피해를 주어 성장을 멈추게 하고 돈 벌 기회도 줄이기에 소득 불안, 일자리 불안을 야기한다. 그래서 간섭주의는 포용과 신뢰와 안정도 확립할 수 없다. 간섭주의는 차별과 특혜의 성격이다. 그런 정책으로는 공정 사회도 달성할 수 없다.

자유시장에는 강력한 사회통합력이 있기에 사회통합을

위해서 정부가 개입하는 것은 불필요하고 또 개입한들 개선하기는 고사하고 더욱더 악화시킨다. 오늘날 사회 갈등의 대부분은 정책의 잘못이라는 점을 직시할 필요가 있다.

정부의 역할은 자유와 재산권의 확실한 보호와 이를 위한, 공정한 입법과 재판이다. 정부는 기존의 다양한 규제를 풀어 경제자유를 확대해야 한다. 경제자유화가 통합의 길이다 그리고 스스로의 힘으로 살아가기 어려운 계층은 선별적 복지로 사회통합이 가능하다. 전관예우나 무전유죄, 검찰기소권의 정치화, 여론이나 정치권의 눈치를 보는 재판 등, 사법부의 독립성과 재판의 공정성이 점차 줄어든다는 보도에 귀를 기울여야 한다. 이들은 사회통합의 적이다.

사회 갈등의 요인과 완화 방안

전남대학교 경제학부 교수 김영용

갈등은 기본적으로 몫에 관한 것이다. 자연이 제공하는 한정된 먹이를 둘러싸고 다툼을 벌이는 동물의 세계가 이런 양상을 특징적으로 보여준다. 동물의 세계에는 협동이나 교환이 없다. 먹이다툼은 먹느냐 먹히느냐의 삶과 죽음을 가르는 싸움이다. 배불리 먹은 동물은 자거나 쉬지만 먹힌 동물은 죽는다. 갈등을 조장하는 정치인들이 자본주의 시장경제를 비난하며 즐겨 사용하는 정글의 법칙이 적용된다.

인간 세계에서는 남의 몫이 증가하면 자신의 몫이 감소한다는 인식이 갈등의 원천이다. 당연히 경쟁이 치열하다. 그러나 그 치열한 경쟁이 바로 사람들을 다툼이나 충돌이 아닌 협동으로 인도한다. 노동 분업을 통한 협동으로 생산성을 높여 재화와 서비스의 공급 제한을 완화하고, 서로 간의 교환을 통해 각자의 몫을 크게 함으로써 갈등을 조화로 해결한다. 이 점이 다른 동물과 달리 인간을 인간답게 하는 특징이다.

갈등의 원인은 잘못된 인식

그런데 이러한 질서의 운행 원리에 대한 대중의 이해는 많이 부족하다. 대중의 무지를 부추기는 식자(識者)들도 많다. "내가 가난한 것은 다른 사람이 부자이기 때문이다. 기업가가 이윤을 많이 남겨 부자가 된 것은 노동자를 착취하기 때문이다. 자본주의 시장경제에서는 정부 간섭이 없어도 독점가격이 만연하는 경향이 있다. 시장경제는 인간적이지 못하고 냉혹하다." 등등의 몰이해와 왜곡 현상은 다 열거할 수 없을 정도로 많다. 역사적으로 많은 자유주의 학자들이 지성의 탑을 쌓으며 설득에 나섰지만 크게 성공하지는 못했다. 이는 근세의 인류 지성사가 보여주는 바다.

요즈음 한국 사회의 갈등은 내 몫 챙기기로 이어졌다. 생산에 참여하여 남에게 공헌한 만큼 내 몫이 된다는 건전한 논리는 설 땅이 없다. 부자는 남에게 크게 봉사했기 때문에 부자가 된 것이라는 논리는 부자를 편드는 공허한 울림이 되어 버린다. 미래의 불확실성에 대한 통찰력이 이윤의 원천이라는 설명으로 대중을 설득하기는 어렵다. 방해받지 않은 시장에서 독점이 된 것은 다른 사업자들보다 낮은 비용으로 양질의 제품을 공급함으로써 차지한 위치라는 설명에 공감하는 사람들은 많지 않다. 사회주의국가에서 사는 사람들의 생활수준이 자본주의국가에서 빈약한 물적 토대를 가진 사람들보다 훨씬 더 못하다는 교훈도 받아들여지지 않는다. 가난은 내 탓이 아니니 복지 혜택을 받는 것은 이제 당연한 권리가 되었다.

통합을 규칙할 수는 없다

비단 일반 대중만이 아니다. 상당수의 경제학 교수들을 설득하는 것도 쉬운 일이 아니다. 밀턴 프리드먼은 일찍이 "동학(同學)을 설득하려는 노력은 어리석은 일이다. 그러나 우리에게는 다행히 설득할 수 있는 학생들이 있다"고 위안을 삼았다.

사람들의 인식 수준이 이러하니 선거에서 표를 얻어 당선돼야 하는 민주사회에서 정치인들 역시 이들의 인식으로부터 자유로울 수 없다. 시장경제가 냉혹한 것이 아니라 소비자가 냉혹하므로 기업가들이 이들의 요구를 외면할 수 없듯이, 유권자가 이런저런 정책이나 규제를 원하니 정치인들도 이들의 요구를 외면하기 어렵다. 이해가 되는 측면이 없지 않지만, 정치인들의 인식 수준도 대동소이하다. 자연히 간섭주의 정책으로 갈등을 키운다. 큰 정부 하에서는 더욱 그러하다.

새로운 제도를 도입하고 기존 제도를 좀 고친다고 해서 갈등이 쉽게 가라앉을 것 같지는 않다. 좌우측 통행 규칙 등과 같이 몫을 가르지 않고 만인에게 적용되는 공통의 규칙이나, 운전 면허증과 같이 남의 진입을 방해하지 않는 것들을 제외한 대부분의 정책들은 또다시 승자와 패자를 나누고 뒤섞음으로써 갈등을 진정시키기는커녕 증폭시키기 일쑤였다.

사회적 갈등을 해소하는 길은 자본주의의 이해

결국 사회 갈등을 해소하고 통합으로 가는 길은 대중이 자본주의 시장경제의 운행 질서를 이해할 수 있도록 설득하고, 정부와 정치권의 권한을 대폭 축소하는 것뿐이다. 대중이 설득되면 루트비히 미제스의 지적대로 대중에 의해 강요되는 자유주의 정부도 출현할 수 있다. 정부와 정치권력이 만들어내는 기득권의 장벽도 허물어져 갈등이 완화될 것이다.

대중을 설득하는 것은 물론 매우 시간 소모적이며 비용 소모적인 일이다. 그러나 사상이 세상을 바꾼다는 프리드리히 하이에크의 가르침이 조금은 위로가 될 것이다. 또한 자유주의를 지향하는 젊은 세대들이 조금씩 자라나고 있다는 사실에서도 희망을 찾을 수 있다.

[진정한
민주공화국으로의 길]

서울대학교 서양사학과 교수 박지향

갈등과 경쟁은 근대적 삶의 주된 요소이다. 특히 자본주의와 민주주의 사회에서 그렇다. 갈등과 경쟁을 자본주의만의 속성으로 파악하는 면이 있는데 실제로 민주주의에도 갈등과 경쟁은 필수적 요소이다. 대표적 예가 선거라 할 수 있는데 선거란 다른 말로 표현하면 정당들이 권력을 쟁취하기 위해 벌이는 경쟁이다. 경쟁과 갈등은 잘 사용하면 민주주의의 건전한 발달에 도움이 되지만 격화되면 그 기초가 무너질 수 있다. 정당들은 자신과 타 정당들의 차이를 필요 이상으로 강조하는 경향이 있기 때문에 선거와 정치 과정을 통해 갈등이 심화될 수 있다. 여기에 각종 언론과 SNS 매체가 갈등을 조장한다. 우리는 현명하게 판단하여 갈등과 경쟁을 삶의 일부분으로 받아들이되 순화시키려는 노력을 기울여야 한다. 다른 나라에서 수백 년에 걸쳐 진행된 민주화와 산업화 과정을 수십 년 만에 이루어내면서 우리 사회는 다른 곳보다 더욱 첨예한 갈등을 겪고 있는 것이 사실이다. 지역 갈등, 이념 갈등과 더불어 최근에는 세대 갈등이 심각한 수준에 이르고 있다. 이 가운데 다른 나라와 비교해 우리 사회에서 특히 더욱 심각하다고 진단되는 것은 지역 갈등과 이념 갈등이라 하겠다.

뿌리 깊은 지역 갈등과 새로운 세대 갈등

지역 갈등은 흔히 박정희 정부 시대부터 발현했다고 말해진다. 그러나 실상 그 뿌리는 수백 년 전으로 거슬러 올라간다. 이미 고려 태조 왕권이 '훈요십조'에서 전라도 지방의 인재를 등용하지 말도록 지시했고 그 후 조선 시대에도 그러한 차별은 이어졌다. 따라서 지역 갈등이 하루 이틀 새 없어지리라고 낙관적으로 생각할 수 없다. 뿌리 깊은 지역 갈등을 해소하기 위해서는 대단히 극단적인 방법이 필요할지 모른다. 예를 들어 아예 경상도, 전라도 같은 명칭 자체를 바꾸는 방법이 있을 수 있고, 기존의 선거구와 행정구역을 섞어버리는 것도 생각해 볼 수 있다. 나아가 각 지역 사람들이 어쩔 수 없이 거래하고 친교를 맺어야 하는 획기적이고 복합적인 경제구역을 만들어내는 방법도 있다. 동서를 잇는 교통 인프라, 예를 들어 대구-광주를 잇는 KTX 개설 등도 도움이 될 수 있을 것이다.

그동안 우리 사회의 세대 갈등이 발현되지 않았던 것은 고도 경제성장이 지속되었기 때문이다. 이제 그런 고도성장이 멈춘 사회에서 세대 갈등은 심각해질 수밖에 없다. 이에 대한 해결책은 딱히 발견되지 않는 실정이다. 세대 갈등은 우리 사회만이 아니라 선진국에서도 발견된다. 즉 선진국일수록 더 많은 사람들이 더 오래 살게 되면서 인구 구성에서 노인층의 비율이 점차 많아지는데 거기서 세대 갈등이 어쩔 수 없이 발생하기 때문이다.

복지가 갈등의 원인이 되기도 한다

서양 선진국의 경우, 세대 갈등은 주로 복지정책을 둘러싸고 일어난다. 여기서 우리는 복지가 사회 갈등을 완화시키는 게 아니라 오히려 심화시킬 수 있다는 사실을 기억해야 한다. 예를 들어 복지수혜자로서 '최하위층'과 '차하위층' 사이의 갈등은 매우 심각할 수 있다. 박근혜 정부는 증세 없이 복지정책을 확장하겠다고 장담하지만 궁극적으로는 국민의 세금 부담을 높일 수밖에 없을 것이다. 스웨덴 국민의 조세 부담율은 50%에 육박하는데 우리 국민이 그럴 준비가 되어 있는지?

복지 확충을 위하여 부가가치세를 올리는 방법을 제시하는 사람들이 있지만 소득세의 전면적 개선이 우선인 것 같다. 불행히도 현재 우리의 소득세 과세는 전혀 공정하다고 할 수 없다. '공정한' 조세제도는 사회통합을 위해 대단히 중요하다. 『강대국의 흥망』이라는 명저를 쓴 저명한 역사학자 폴 케네디는 역사상 존재했던 강대국의 조건으로 공정한 조세제도를 들었다. 우리 사회처럼 납부가 가능한데도 소득세를 내지 않는 인구가 많으면 사회통합에 걸림돌이 된다. 가능한 한 많은 국민들이 아주 소액이라도 직접세를 납부함으로써 공공선에 대한 시민의식을 함양할 수 있다.

성장과 함께하는 복지

더군다나 성장이 함께하지 않는 복지는 절대 안 된다. 혹자는 스웨덴 식 복지국가를 주장하지만 스웨덴은 대표적 유모국가(nanny state)로 절대 우리의 모델이 될 수 없다. 스웨덴의 경우, 노동 가능한 인구 가운데 한 명이 생산 활동에 종사하고 나머지 두 명은 생산자가 낸 세금으로 먹고사는 공무원이거나 복지수혜자이다. 따라서 스웨덴 사회는 안정되어 있지만 활기나 혁신의 가능성을 찾아볼 수 없다. 이처럼 보편적 복지국가가 겪는 도덕적 해이와 과중한 예산집행의 문제점을 잘 파악하여 앞서간 복지선진국들의 경험에서 교훈을 얻어, 복지를 확충하되 현명하게 해야 한다. 한 가지 해결책은 노인층이 더 오래 일함으로써 젊은 층에게 경제적 부담이 되지 않되 젊은 층의 일자리를 빼앗지 않는 식으로 나라 경제를 운영하는 것이다. 결론적으로 세대 갈등에 대한 가장 현명한 대처법은 생애 사이클이라는 관점에서 각 세대가 삶의 각 단계에서 다른 세대들이 위치한 시점을 인정해주는 것이다. 젊은이는 이상적이고 충동적이며 노장층은 삶의 지혜는 있되 소극적이고 위험부담을 지지 않으려 한다. 젊은이는 노인층의 지혜를 존중해주고 노인층은 젊은이의 패기를 지지해줌으로써 상호보완이 되어야 사회가 발전한다는 사실을 명심하고 상대편을 인정하도록 노력하여야 할 것이다.

제대로 된 역사 인식과 정치인의 역할

우리 사회의 이념 분열은 매우 심각해보이지만 실상은 이념이 아니라 가족사와 연관되어 있다. 한반도 분단과 6·25전쟁, 산업화와 민주화 과정에서 일어난 시대적 폭력이 많은 사람들의 삶을 유린했고 그러한 개인적이고 직접적인 기억들이 대단히 강하게 남아 있다. 여기에 급속한 경제성장이 야기한 상대적 박탈감이 더해져서 우리 사회의 극심한 이념 갈등을 야기하였다. 대한민국의 정통성을 완강히 부정하는 인사들 가운데 많은 수는 우파에게 고통과 불의를 당한 아픈

가족사를 가지고 있다. 다른 한편으로 전쟁이 낳은 군경 유가족과 상이용사, 그리고 좌파들에게 가족이 학살당한 인사들도 적지 않다. 그런 개인적이고 직접적인 기억들이 그들의 사고를 경직시켜 사물의 중층적 면을 보지 못하게 만든다. 그렇다면 어떻게 이 문제를 해결해야 할 것인가? 근본적으로 우리 모두는 삶의 복잡다단한 단계에서 가해자가 되기도 하고 피해자가 되기도 한다는 사실을 기억하고 이해와 관용을 베풀어야 할 것이다.

그렇다 할지라도 우리 역사에 대한 왜곡과 폄훼는 시정하고 넘어가야 한다. 요즘 많은 평자들이 문화와 지적 분야에서 좌파의 장악을 끝내야 한다고 지적한다. 출판과 문화 및 지식계에서 좌파가 주도권을 잡고 있다는 것은 확실하다. 특히 대한민국 건국의 역사를 둘러싼 해석 문제와 종북 문제가 심각한데, 그것은 지난 수십 년간 왜곡되고 폐쇄적인 '민중민족주의' 사관이 우리 사회를 지배해왔기 때문이다. 이제 교과서가 균형 잡힌 역사적 사실을 서술해야 하고 교사들이 제대로 가르쳐야 한다. 이것은 일차적으로 전문가와 지식인들이 나서서 시정해야 할 문제이지만 정치의 몫도 있다. 영국의 예를 보자. 영국도 1970~80년대에 좌우의 이념 대립이 매우 심각했고 국민들은 극심한 이념 대립에 지쳐 있는 상태였다. 그러나 1995년 이후 토니 블레어가 노동당의 체질 개선을 한 후 이념 대립이 많이 완화되었다. 블레어는 시대정신을 잘 파악하여 노동당에서 극단적 좌익을 몰아내었고, 보수당과 다를 게 없다는 비난을 무릅쓰면서 노동당을 중도좌파 대중정당으로 만들었다. 즉 노동당을 이념적 스펙트럼에서 좌측에서 중앙으로 '많이' 이동시켰던 것이다. 한편 보수당도 정치적 스펙트럼에서 우측에서 좌측으로 '조금' 이동함으로써 이념적 수렴이 이루어졌다. 물론 전적인 수렴은 아니지만 이제 영국 사회에서 이념 대립은 더 이상 심각한 이슈가 되지 않는 상태이다. 블레어는 용감하고 현명한 정치인이 무엇을 할 수 있는지를 보여주는 좋은 예이다.

인종이라는 잠재적 갈등 요소

아직은 발현되지 않았지만 미래 우리사회의 잠정적 갈등 요소가 될 수 있는 것이 인종적 갈등이다. 심각해지기 전에 대처하는 것이 현명할 것이다. 현재 우리는 '다문화 가정'이라는 말을 보편적으로 쓰는데 다문화는 실상 각기 다른 문화들의 병렬적 공존을 의미하는 용어이다. 필요한 것은 그러한 공존보다 더 강력한 응집력을 가진 문화이다. 일부 학자들은 '다문화(multiculture)'라는 개념 대신 '복(復)문화(polyculture)'라는 개념을 사용한다. '복문화'는 단순한 병렬적 공존이 아니라 구분할 수 없을 정도로 얽혀 있는 요소들의 혼합을 의미하며 전체의 합보다 더 큰 어떤 것을 의미한다. 복문화가 의미하는 것처럼 각각의 악기가 각기 다른 소리를 내면서 조화로운 음악을 만들어내는 심포니 오케스트라가 바로 다인종사회가 앞으로 나아가야 할 방향일 것 같다.

공화주의적 시민 사회의 완성

마지막으로 국민통합의 대장정에 필수적 요소는 사회구성원 모두가 공유하는 공통의 가치이다. 불행히도 현재 우리 사회에는 이 공통의 가치가 실종되어 있다. 나는 그동안 여러 매체를 통해 폐쇄적인 민족주의를 떨쳐버리고 개방적인 공화주의적 애국의 길로 나아가야 한다고 주장해왔다. 우리에게 공화주의에 대한 인식과 애착이 약하다는 사실의 저변에는 몇 가지 원인이 있다. 우선 지난 수십 년간 우리 사회를 장악해 온 소위 '민중민주주의' 개념이다. '민중민주주의' 노선에서는 국가를 단순히 민중을 억압하는 폭력적 기구로 파악하는데 그러다 보니 자연히 공화주의에 적대적이 될 수밖에 없었다. 다음으로 일제 강점기 이후 계속해서 권위주의적 국가를 경험했다는 사실도 공화주의에 대한 우리 사회의 무지와 무관하지 않다. 마지막으로 전통적 유교는 서양에 비해 상대적으로 공(公)을 중시하지 않는다는 사실도 작용했다. 예를 들어 전통 사회에서는 효와 충이 충돌하면 효가 충보다 우선적이었다. 반대로 서양에서는 공인의 의무라는 개념이 확고히 존재했을 뿐만 아니라 개인의 이익과 사회적 이익이 공존할 수 있는지, 만일 충돌한다면 어떻게 해결할 것인지에 대한 논의가 끊임없이 진행되어왔다. 이제부터라도 공화주의적 시민공동체를 만들어내야 한다. 사적 이익과 공익을 지혜롭게 조화시키는 것이야말로 개인이 사회를 이루고 사는 명분이 된다.

교육과 계몽은 21세기의 가치를 일깨우는 법

그렇다면 우리는 어떠한 가치를 사회가 공유하는 가치로 내세울 것인가? 나는 그것을 '자유'와 '번영'과 '나눔'으로 요약하고 싶다. 대한민국 건국 후 65년 동안 우리나라를 지탱해 온 것은 자유와 번영이었다. 그 과정에서 자유가 억제된 적도 있었지만 우리는 그 목표를 향해 달려왔고 성공하였다. 이제 '자유와 번영'에 더하여 '나눔'을 공통 가치로 세우고 21세기를 헤쳐 나아갈 것을 건의한다. 마지막으로 우리 모두는 토론을 통해 상대편의 주장에 승복하는 것과 합의에 이르는 방법을 배워야 한다. 영국의 여론조사 기관이 얼마 전 조사한 바에 의하면 교육 수준이 높을수록 자신과 의견을 달리하는 타인을 존중한다는 사실이 드러났다. 또한 정치에 대한 신뢰가 높을수록 자신과 의견을 달리하는 타인을 존중한다는 것이다. 우리 정당과 정치인들의 수준을 높여야 할 필요성이 여기 있다. 우리는 또한 '페어플레이(fair play) 정신'을 배워야 한다. 규칙을 지키면서 경기를 하고, 승리했을 때는 패자에 대하여 아량을 베풀고, 패했을 때는 결과에 승복하고 승자를 존중해주는 태도가 바로 '페어플레이 정신'

이다. 박근혜 정부 출범 후 우리 정치권이 보이는 행태는 우리 사회에 '페어플레이 정신'이 전무함을 여실히 보여준다.

이 모든 것을 어떻게 해나갈 것인가? 교육과 계몽이 관건이다. 마치 서양 문물이 이 땅에 들어오기 시작할 때 지식인들이 교육과 계몽을 설파했듯이, 지금 우리는 우리가 걸어온 길을 반추하고 새로운 도약을 위해 새로운 차원의 교육과 계몽운동을 벌여야 한다. 열린 마음, 세계를 향한 시선, 이분법적 시각이 아닌 다각적 시각, 자국사가 아닌 비교사적 관점. 이 모든 것들을 배우고 가르치는 장이 형성되어야 한다. 단순히 학교 교육만이 아니라 일반 시민, 교사, 정치인, 그 외 모든 종류의 사람들을 대상으로 한 계몽과 교육이 필요한 시점이다.

[자유시장경제가 더 나은 사회통합을 이룬다]

경희대학교 경제학과 교수 안재욱

　사회통합은 '사회 구성원들이 갈등을 일으키지 않고 결속하는 것'을 의미한다. 지금 우리 사회에서 사회통합이 이슈가 되고 있는 이유는 우리 사회에 이념, 계층, 지역, 세대, 성, 빈부의 차이에 따른 갈등이 심각한 상태에 있기 때문으로 보인다. 갈등이 많은 사회보다는 적은 사회가 더 안정적이고 발전적임이 분명하다. 왜냐하면 갈등이 많은 사회에서는 생산적인 곳에 쓰일 자원과 에너지가 비생산적인 정치적 활동에 더 많이 쓰이기 때문이다. 그러므로 사회의 안정과 발전을 위해 갈등을 없애고 구성원이 공동체에 대한 자긍심을 갖도록 하는 사회통합은 매우 중요하다.

그러나 명심해야 할 점은 완벽한 사회통합이란 있을 수 없다는 사실이다. 갈등 없는 사회는 없다. 왜냐하면 사회를 구성하는 개개인의 성향, 선호, 추구하는 바가 각기 다르기 때문이다. 개개인의 욕구가 모두 다르고 인간의 욕망을 모두 충족시킬 만큼 충분한 자원을 가지고 있지 않기 때문에 어떤 사회에서든 개인 간의 갈등은 존재할 수밖에 없다. 따라서 모든 개개인의 욕구를 완벽하게 조화하여 하나의 통합된 사회를 만드는 것은 불가능한 일이다. 그러므로 사회통합에서 핵심은 완벽한 사회통합이 아니라 갈등을 최소화하며 다양한 욕구를 조화시키는 사회를 만드는 일이다.

시장은 욕구를 조절한다

갈등을 최소화하며 다양한 욕구를 조화시키는 사회는 개인의 자유를 우선시하고 사유재산을 존중하는 자유시장경제 시스템이다. 판매자는 되도록 높은 가격을 받으려고 하고 구매자는 가능한 한 낮은 가격을 지불하려고 한다. 이렇게 상충된 이해관계가 존재함에도 불구하고 시장에서 가격이 형성되고 개인의 욕구가 조정된다. 시장에서 판매자와 구매자의 욕구가 조정되듯이 사랑하고 싶은 사람, 사랑받고 싶은 사람, 이 세상을 보다 나은 방향으로 바꾸어 보려고 하는 사람, 존경을 받고 싶은 사람, 출세하고 싶은 사람, 남을 위해 일하고 싶은 사람, 돈을 많이 벌고 싶은 사람, 음악가가 되고 싶은 사람, 운동선수가 되고 싶은 사람, 연예인이 되고 싶은 사람, 작가가 되고 싶은 사람 등등 무수히 많은 다양한 개인의 욕망들이 자유세계에서는 개인의 선택에 의해 잘 조화된다.

자유주의 이념이 실현된 전성기는 나폴레옹 전쟁(1815)과 1차 세계대전(1914) 발발 전까지 약 1세기 동안이었다. 이 기간은 유럽에서 갈등과 전쟁의 참혹함이 거의 없었던 평화로운 시기였다. 19세기 이전 유럽은 정복과 전쟁에 의한 민족 간, 국가 간 갈등이 첨예했던 시대였다. 그 시기에는 정복과 전쟁에 의해 다른 민족 다른 국가들로부터 생산 자원을 탈취하는 것이 국가의 부를 증가시키는 방법으로 알고 있었다.

그러나 자유주의가 도입된 이후 정복과 전쟁이 아닌 자발적 거래가 쌍방 모두에게 이익을 주고 국가의 부를 증가시킨다는 사실을 깨달았다. 자유시장경제로 인해 여러 다른 나라 사람들이 더욱 가깝게 되었고, 상호 존중과 우정의 분위기가 만연했다.

정부 개입은 갈등의 심화로 발전한다

1차 세계대전과 2차 세계대전 등 20세기에 일어났던 전쟁은 사회주의, 민족주의, 보호주의, 제국주의, 국가주의와 같은 사상이 자유주의를 대체하면서 발생한 것이다. 자유주의는 국가 간 자유무역이 갈등을 제거한다고 역설한 반면, 이들 사상은 사회적 관계에서 투쟁은 본질적인 것이라고 주장했다. 그래서 이들 사상은 국가와 국가, 부자와 빈자, 지배자와 피지배자, 인종과 인종, 계급과 계급, 고용자와 피고용자, 구매자와 판매자, 수출업자와 수입업자, 토착민과 외국인 간의 갈등을 끊임없이 부추겼다. 20세기에 일어났던 전쟁들은 이러한 사상을 바탕으로 강력한 정치적, 경제적 권력을 목표로 하는 정부들 때문에 일어난 것이었다.

　우리 사회에 만연해 있는 여러 가지 갈등의 주요 원인 역시 정부의 개입에서 비롯되고 있다. 과거 특정 지역에 대한 정부의 편파적인 지원이 지역 간 갈등을 불러 일으켰고, 최근 일어나고 있는 정규직과 비정규직 간의 갈등의 근본 원인은 정규직에 대한 정부의 과보호에 있다. 또한 최근에 이해 집단 간의 첨예한 대립을 일으켰던 세종시 문제도 정치적 목적에 의한 정부 조치 때문이었다. 우리 사회에서 일어나고 있는 여러 가지 갈등의 원천을 찾아가 보면 거기에는 정부 개입이 자리 잡고 있음을 쉽게 발견할 수 있다. 고려 시대 왕건의 '차령산맥 이남 지방 사람들을 등용하지 말라'는 훈요십조 정책이 지역 간 갈등과 혼란을 야기했고, 조선 시대, 일제 강점기에 특정 계급과 특정 집단에 대한 특혜로 인해 정부로부터 특혜를 받는 집단과 특혜를 받지 못한 집단 간에 갈등이 심해져 사회적 혼란이 야기되었던 역사적 경험에서도 알 수 있다.

　정부 개입이 커지면 개인의 선택이 그만큼 감소하며, 개인의 선택이 정부의 힘에 의하여 지속적으로 방해받게 된다.

또한 개인의 선택이 아닌 정부의 힘에 의해 자원이 배분되면 사람들은 정부의 힘을 이용하여 다른 사람들보다 더 많이 자원을 확보하려 하고 더 유리한 위치를 차지하려고 한다. 자기 자신이 열심히 일하여 보상받기보다는 정치적 활동을 통하여 정부로부터 보조금이나 특권을 얻어 이익을 보려고 한다. 자연, 정부로부터 특권을 얻은 사람들과 그렇지 않은 사람들 간에 갈등이 발생한다. 국민들의 일상생활이나 경제 문제에 대한 정부 개입이 클수록 부정부패, 시민의식 결여, 이전투구 등의 양상이 많아진다.

갈등이 적은 사회로

현실적으로 갈등이 전혀 없는 완벽한 사회통합을 이룰 수는 없다. 우리가 할 수 있는 일은 갈등이 적은 사회를 선택하는 것이다. 갈등이 적은 사회는 개인의 자유가 신장되고 나의 삶은 나 자신이 책임진다는 자유주의 원칙이 확립된 사회다. 물론 우리 사회에 자기 삶을 자기 스스로 책임질 수 없는 사람들이 있다. 소년소녀 가장, 무의탁 독거노인, 중증 장애인 등 정말 혼자 힘으로만 살아가기 어려운 사람들이 있다. 그런 가난한 사람들의 문제는 건실한 사회안전망을 통해 해결할 필요가 있다. 이것 또한 우리 사회의 갈등을 줄일 수 있는 방법이기 때문이다. 따라서 갈등을 최소화하며 상대적으로 더 나은 사회통합을 이룰 수 있는 방법은 가난한 사람들을 위한 건실한 사회안전망을 갖추고 국민들의 일상생활에 대한 정부의 간섭을 줄여 우리 사회가 자유주의 원칙에 따라 움직일 수 있도록 하는 것이다.

[법과 원칙 중시가
국민통합의 바탕]

자유경제원 사무총장 최승노

자유사회에서 국민이 서로 다른 의견을 가지고 있는 것은 당연하다. 사람들이 다양한 의견을 갖고 이를 표출하는 행위는 사회 발전의 에너지이기도 하다. 이를 문제시해 하나의 의견으로 만들려다가는 오히려 재앙을 부른다. 모두가 하나가 된다는 것은 생각만 해도 끔찍한 일이다. 전체주의 악몽도 떠오른다.

국민통합이라는 구호는 정치적으로 매력적이기는 하지만 정책 목표로 삼기에는 부적합하다. 정치가 원활히 작동하면 국민통합은 자연스레 나오기 마련이다. 국민통합을 앞세우는 정치는 부질없거나 오도된 길을 걸을 수 있다. 사람들이 서로 다름을 인정하고 규칙을 지키는 사회에서는 국민통합을 굳이 논할 필요가 없다.

개성을 존중하는 사회로

우리 사회에는 역사적으로 권위적 집단 문화가 뿌리 깊다. 개인의 생각은 무시되고, 사회가 개인을 대신하거나 집단적 선택을 강요한다. 그런 사회에서 남과 다르다는 것은 위험을 감수해야 하는 일이다. 잘못 튀다가는 불이익을 당하기 일쑤다. 이처럼 개인보다 집단을 우선시하는 억눌린 상태는 저항을 부른다. 국민통합에 앞서 개인이 자유로운 사회로 좀 더 나아가야 한다.

대한민국은 경제적 성과를 바탕으로 민주화를 이루고 사회 발전을 이뤘지만, 아직 획일적 집단주의라는 역사적 유산에서 벗어나지 못하고 있다. 자유로운 의견 교환보다는 권위주의 방식의 상하관계, 민간의 자율적 의사 결정보다는 관존

민비 방식의 통제적 질서가 잔존한다.

뻣뻣하고 경직된 의사 교환 방식은 거친 사회문화로 드러난다. 어느 사회에서나 갈등과 다툼은 있게 마련이지만, 우리 사회의 문제 해결 능력은 아직 서툰 수준이다. 힘으로 해결하려는 태도가 빈발하고, 그 이유를 상대방에게 돌리는 변명이 용인되는 일이 흔하다. 심지어 정치 엘리트가 모여 있는 국회에서조차 관용과 대화가 실종되는 일은 다반사고 폭력까지 발생한다.

민주적 절차에 의한 국민통합

폭력과 우격다짐이 해결 방식의 중심이다 보면 사회는 신뢰와 규칙이 무너진다. 약속을 지키고 규칙을 지키면 손해를 본다는 생각이 사회자본을 갉아먹는다. 다른 사람이 법을 지킬 것이라는 신뢰가 바탕을 이루지 못하면 대화도 의미를 잃는다.

이런 문화에서는 흔히 혁신보다 혁명적 방식을 높게 평가하곤 한다. 대개 혁명은 사회 발전을 단번에 이루겠다며 폭력적 수단을 합리화하여 부작용과 장기적 비용을 수반한다. 우리 속담에 '쇠뿔도 단김에 빼라'는 말이 있다. 기회를 포착해 효율적으로 일을 실행하라는 뜻인데, 이를 단숨에 해치우라는 뜻으로 잘못 해석하기도 한다.

시대적 환경이 변하듯 국민의 여론도 늘 변한다. 국민의 의견을 듣고 이를 국정에 반영하는 일이 민주정치의 기본이다. 이에 실패하는 경우 국론 분열에 따른 사회적 갈등과 낭비가 발생할 수 있다. 그래서 선거는 국민통합 과정이다. 선거를 통해 국민의 의사를 국정에 반영하는 정치 행위가 바로 국민통합의 요체인 셈이다.

민주주의는 다름과 다툼을 정치적으로 극복하는 의사 결정 방식이다. 민주사회의 일원은 다수결원칙이든 법이든 민주적 절차에 따른 결정에 승복해야 한다. 민주주의는 그런 승복 과정이 축적되면서 성숙해진다.

과거 촛불시위는 대통령 선거 결과를 부정하는 세력에 의해 주도됐다. 2012년 대통령 선거에서도 선거 결과를 부정하며 부정선거라고 몰아가는 세력이 나왔고, 패배한 정당은 이런 주장에 묵시적으로 동조했다. 민주주의가 흔들린 일이며 국론 분열을 자극하는 반민주적 행태다. 정치인들이 민주적 절차와 규칙을 지키지 않으면 국민통합은 기대하기 어렵다. 여야 합의가 되지 않는 사안은 폭력으로 관철하려 해서는 안 되며 투표로 결정하는 성숙된 정치 문화를 만들어 나가야 한다.

다행스럽게 박근혜 정부는 법과 원칙을 중시한다. 법과 원칙을 지키는 일은 국민통합을 이루어내는 바탕이기도 하다. 이를 방해하는 것들을 줄일 필요가 있다. 폭력과 불법 행위를 용인하던 관행을 해소하는 것이 급선무다. 나아가 신용 문화를 성숙하게 하는 노력이 요구된다.

작은 정부의 역할

국가시스템을 큰 정부에서 작은 정부로, 중앙정부 위주에서 지방정부 위주로 전환하는 것도 근본적 처방이 된다. 큰 정부는 갈등을 조정하기보다 갈등을 키우며, 중앙정부는 소모적이고 집단적 이기주의를 부를 수 있기 때문이다. 의사결정을 작은 단위로 지방화하다 보면 소모적인 갈등을 줄일 수 있다. 예를 들어, 개발 및 지원정책 그리고 복지 관련 예산과 지출을 모두 지방정부로 이양하는 것이다.

또한 선거제도의 개선도 필요하다. 갈등을 조정하기보다 국민끼리 다투도록 유도하는 정치는 타락한 정치다. 비례대표제와 정당투표제가 그런 정치인들을 양산해왔다면 이를 개혁하는 일도 병행해야 한다. 정당정치가 성숙해지기를 기대한다.

법치 질서의 확립이 사회통합의 길

동국대학교 법학과 교수 김상겸

　박근혜 대통령은 취임사에서 국민행복을 강조했다. 누구나 행복하길 바라기 때문에 우리나라 최초의 여성대통령이 이를 많이 언급했다고 해서 문제될 것은 없다. 특히 우리나라 헌법은 1776년 미국의 버지니아 권리장전의 행복권을 계수하여 행복추구권을 국민의 기본권으로 보장하고 있다. 행복추구권이 보장되어 많은 국민이 행복해진다면 굳이 국민통합·사회통합을 외치지 않더라도 우리 사회는 저절로 통합의 길로 갈 것이다. 그런데 문제는 현재 우리 국민이 행복하지 못하다는 것이다. 2000년대 후반 발생한 미국발 금융위기는 세계경제를 흔들었고, 이로 인한 세계적 경기 침체는 우리 국민경제에도 상당한 부담을 주었다. 이 여파로 우리나라는 부동산시장의 침체와 내수시장의 부진, 가계부채의 급증 등 경제적 어려움이 가중되고 있다. 더구나 최근에는 일본의 고환율정책, FTA에도 불구하고 각국의 보호무역정책 등이 우리의 경제 상황을 더욱 어렵게 하고 있다.

완전한 통합은 존재하지 않는다

오늘날 경제가 국가의 거의 모든 부분에 영향을 미치고 있다는 점에서 경제 문제는 국가의 핵심 문제라고 보아도 무방하다. 그런데 지난 정부는 날로 심각해지는 빈부격차를 해소하기 위한 정책을 거의 추진하지 않았다. 겨우 노력한다는 것이 사회복지정책에서 무상급식이나 무상보육 등으로, 이것도 장기적이고 구체적 안도 없이 추진하면서 예산 고갈 현상만 맛보았을 뿐이다. 이번 정부는 이런 일들을 타산지석으로 삼아야 할 것이다. 아무리 사회복지를 확대한다고 하여도 모든 국민이 행복해지는 것은 아니다. 행복은 일정한 기준이 없다. 행복은 추상적이고 다의적이기 때문에 다른 사람이 행복하다고 하여도 자신은 전혀 행복하지 않을 수 있기 때문이다. 그리고 사회복지를 확대하고 국민의 행복지수를 높인다고 하여도 사회통합에 이르기는 어렵다. 민주주의는 다양성을 전제로 하고 있기 때문에 사회에서 통합은 그 자체가 민주적이지 못할 수 있기 때문이다.

그래서 일부 학자들은 민주주의로는 통합이 어렵고 공화주의를 통하여 통합을 추구해야 한다고 한다. 물론 우리나라는 구태여 헌법을 들먹이지 않아도 민주공화국으로서 공화주의를 채택하고 있다. 그리고 민주주의는 대의제를 통하여 공화주의를 수용하고 있다. 다만 현실에서 공화주의를 강조하지 않고 있을 뿐이다. 그렇기 때문에 공화주의를 아무리 강조한다고 해도 통합과는 일정한 거리가 있다.

국가의 영역에서 통합이란 용어가 등장한 것은 19세기말 독일에서부터이다. 당시 독일은 황제가 통치하는 군주주권국가였고, 국민의 정치 참여를 엄격하게 통제하였다. 그렇지만 21세기 한국은 시대도 환경도 사람도 전혀 다른 민주국가

이고 실정법이 국가와 국민을 규율하는 법치국가다.

공평한 법의 적용과 집행이 우선되어야

우리가 사회통합을 이야기하기 위해서는 누구나 법 앞에서 평등하고, 누구든지 합리적 기준에 의하여 균등한 기회를 보장받고 있는지부터 따져보아야 할 것이다. 동일한 자격과 조건임에도 불구하고 부당하고 차별적 대우를 받는다면 결코 행복할 수 없을 것이다. 소득격차가 큰데도 불구하고 동일한 비율로 과세된다면 이를 공평하다고 생각하지 않을 것이다. 최저 생계도 유지하지 못하는데 국가가 지원하지 않는다면 국가에 대한 원망만 커질 것이다. 이런 상황에서는 오히려 갈등만 증폭시켜 사회적 분열만 야기하여 사회통합은 구호에만 그칠 것이다.

국민이 한울타리 속에서 생활하면서 동질 의식을 느끼게 되는 것에는 여러 가지가 있겠지만, 국가공동체에서 무엇보다도 중요한 것은 동일한 법질서하에서 공평한 법의 적용과 집행이다. 그래서 사회통합을 위하여 선결되어야 하는 과제가 법치 질서의 확립이다. 법은 국민의 약속이기 때문에 법에 대한 국민의 신뢰가 무엇보다 중요하다. 법이 누구에게나 공평하다고 생각할 때 국민의 신뢰는 구축된다. 물론 이 경우 법의 내용이 정의롭고 정당해야 한다는 것이 전제된다. 새 정부도 법과 원칙을 바로 세워 법치 질서를 확립하겠다고 하였다. 그렇지만 법치가 말로만 되는 것은 아니다. 법을 제정하고 적용하며 집행하는 자가 솔선수범할 때 국민의 준법정신은 살아나고 법치 질서를 통한 사회통합도 가능해질 것이다.

[갈등의 원인은 개인들이 가진 사상들이다]

대구대학교 무역학과 교수 전용덕

    우리 사회가 갈등이 적지 않은 만큼 사회통합이 필요하다는 주장에 따라 사회통합이 정치적 과제로 떠올랐다. 지금 가장 문제가 되는 갈등은 빈부 간 갈등인 것처럼 보인다. 대기업과 중소기업 간 갈등도 넓은 의미에서 빈부 간 갈등으로 볼 수 있다. 여기에서는 비정규직 문제를 이용하여 그 갈등의 원인이 개인들이 가진 사상들 또는 아이디어들임을 보이고자 한다.

임금의 문제는 노동조합의 문제

비정규직 노동자의 평균 임금은 정규직 노동자 평균 임금의 약 57% 수준으로서 절반을 약간 넘는 정도이다(분석의 편의상 '자발적인' 비정규직 노동자는 분석에서 제외한다). 근래에는 비정규직 노동자들 자신을 포함해서 민주노총과 같은 상위 노동조합 조직은 비정규직 노동자의 턱없이 낮은 임금이 기업의 '차별' 때문이라고 주장하고 차별 철폐를 소리 높여 외쳐 왔다.

그러나 비정규직 노동자의 임금이 그렇게 낮은 이유는 노동조합에 가입한 노동자가 받는 임금이 자유시장에서 결정되는 임금보다 높기 때문이다. 노동조합원인 노동자가 받게 되는, 자유시장보다 높은 임금을 '제한주의적 임금'이라고 부른다. 기업은 제한주의적 임금에 맞추어 고용을 줄이고 그만큼 비정규직 노동자를 고용하게 된다. 때로는 그런 높은 임금 때문에 공장을 해외로 이전하는 경우도 일어난다. 이 경우에는 비정규직 일자리뿐 아니라 거의 대부분의 일자리가 사라지게 된다.

우리나라는 노동조합이 일부 기업집단을 포함한 대기업

에만 조직되어 있다. 그러나 그 영향력은 작지 않다. 예를 들어, 현대자동차 노조원이 받는 특혜는 일일이 열거할 수 없을 정도이다. 노동조합이 없는 대기업도 노동조합이 있는 대기업의 영향을 강하게 받는다. 우리나라에서 대기업과 대기업 간의 경쟁은 노동자 채용뿐 아니라 다차원에 걸쳐 치열하기 때문이다. 경제에서 4대 기업집단의 비중이 매우 높기 때문에 나타나는 우리나라만의 특이한 현상이라고 볼 수 있다.

부자가 빈자를 착취한다는 오해

비정규직 노동자가 그렇게 많은 것뿐 아니라 비정규직 노동자의 임금이 그렇게 낮은 것은 물론 다른 요인도 있지만 무엇보다도 노동조합 때문이다. 그런데 국가가 노동조합을 허용한 것은 기업가(부자)에 비해 노동자(빈자)를 보호해야 한다는, 만약 그렇지 않으면 기업가(부자)가 노동자(빈자)를 착취할 것이라는 사상 또는 아이디어 때문이다(이런 사상 또는 아이디어가 어떻게 생겨났는가 하는 것도 풀어야 할 의문점인데, 짐작컨대 신고전학파 경제학이 그런 사상 또는 아이디어들의 이론적 기초를 일부 제시한 것으로 여겨진다). 그러나 시장에서는 좋은 일자리를 놓고 노동자들도 상호 경쟁하지만 기업가들도 좋은 노동자를 채용하기 위하여 서로 경쟁하기 때문에 노동조합이 없더라도 착취는 가능하지 않다. 그러므로 기업가(부자)를 규제하고 노동자(빈자)를 보호해야 한다는 사상 또는 아이디어는 전적으로 틀린 것이다.

최근 노동조합의 폐해가 누적되면서 비정규직 노동자 문제가 심각해지자 양대 노총과 노조 지도자들은 문제의 원인을 기업가의 차별 탓으로 돌림으로써 다시 한 번 비정규직 노동자를 포함한 일반 노동자들이 잘못된 사상이나 아이디어를 갖도록 기회 있을 때마다 설득해 왔다. 그들은 결국 비정규직 문제의 원인을 차별로 돌림으로써 빈부 간 문제로 바꾸고 있는 것이다. 진실은 비정규직 노동자 문제의 핵심은 노동자와 노동자 간의 문제임에도 불구하고 말이다. 요약하면, 기업가의 횡포에 직면하여 노동자를 보호해야 한다는 사상이나 기업가가 노동자를 차별하고 있다는 아이디어는 틀린 것일 뿐 아니라 바로 그 이유로 반자본주의적 또는 반기업가적 사상이다.

잘못된 사상을 찾아내는 일이 우선이다

미제스는 그의 저서 『경제학의 궁극의 기초』(The Ultimate Foundation of Economic Science)에서 다음과 같이 지적한다. "집단은 개인들로 하여금 특정 그룹의 구성원으로 행동하도록 하게 만드는 아이디어들에 의해서 존재하게 되고, 이 아이디어들의 설득력이 뒷받침하지 않을 때 존재하기를 그치게 된다. 집단들을 인식할 유일한 길은 그 구성원들의 행위를 분석하는 것이다." 그러므로 사회 또는 집단은 그 사회 또는 집단에 속한 사람들이 지닌 아이디어들과 행동들로부터 별개로 존재하지 않는다.

사용자(부자)와 노동자(빈자) 간 갈등을 해소함으로써 사회 통합을 도모하고자 한다면, 사회 내 개인들이나 집단의 구성원들이 가진 잘못된 사상들 또는 아이디어들을 바로 잡아야 한다. 그리고 이 방법을 다른 갈등, 즉 종교, 인종, 지역 간 갈등 등에도 적용할 수 있다. 그러므로 그런 갈등을 해소하고자 한다면 막연히 어떤 사상들이 좋다고 선전하기 이전에 특정 갈등에 연루된 개인들이 가진 사상들 또는 아이디어들이 무엇인가를 찾아내는 일이 우선이다.

[사회통합을 위해 '사회적'일 필요는 없다]

한국경제연구원 사회통합센터 정책팀장 전희경

요즘처럼 '사회적'이란 말을 자주 접했던 적이 있는가. 사회적 책임, 사회정의, 사회적 약자, 사회적 일자리, 사회적 기업, 사회적 권리 등 '사회적'인 무언가로 국가정책도, 언론도 포화상태에 이를 지경이다. 지난 이명박 정부의 사회통합 추진에 이어 박근혜 정부 역시 국민통합을 국정의 주요 목표로 삼으면서 당분간 '사회적'인 것들의 열풍은 지속될 것으로 보인다. '사회적'이란 말이 갖는 평등지향 속성, 시장 실패에 대한 처방전격 이미지는 사회 갈등을 해소하거나 적어도 이를 위로할 수 있는 매력적인 언어로 다가오기 때문이다.

사회적인 부작용들

그러나 '사회적'인 정책들이 갖는 부작용은 새삼스러운 것이 아니다. 사회적 약자를 보호하고 사회적 권리를 보장한다는 명분으로 행해지는 막대한 재정지출은 국가 개입을 확대하고, 정부 규모를 팽창시키는 것은 물론 행정비용만 증대하고 실효는 거두지 못하는 비효율을 초래하기 일쑤였다. 사회적 기업과 사회적 일자리 같은 사업은 시장성에 기반을 두지 않는 태생적 한계로 지속 가능하지 못할 뿐 아니라 민간에 구축 효과를 가져오는 심각한 역기능을 초래한다.

답답한 것은 이런 엄연한 사실들 앞에서도 '사회적'이란 말이 갖는 강력한 힘(예를 들면 공동선의 추구, 비용의 타인 전가, 자기 책임 탈색 등) 때문에 이에 대한 본격적인 비판은커녕 제대로 된 토론의 장조차 마련되기 어려운 대한민국의 현실이다. 정책에 대한 찬반이 선과 악의 범주로 옮겨가서야 누가 굳이 이 외롭고 고단한 길을 걸으려 할까.

개인의 힘을 믿으라

대한민국이 전후의 폐허를 극복하고 세계의 선진국과 순위를 다투는 경제 강국이 될 수 있었던 저력은 '사회적'인 것이 아닌 '개인적'인 것에 있다. 창의와 실패를 두려워하지 않는 기업가정신을 바탕으로 기업을 일으키고, 어려운 여건에서도 교육을 통해 개개인의 경쟁력을 높인 것은 위대한 개인들이다. 자신의 삶과 가족의 삶을 스스로 지켜내겠다는 불굴의 의지가 모여 '한강의 기적'이 가능했던 것이지 애초에 '사회적'인 무언가를 위해 달려왔다면 오늘날의 성취는 불가능했을 것이다.

지금 우리가 겪고 있는 사회 갈등은 어떤 면에서 다음 단계로의 도약을 위한 성장통이다. 주로 소득격차에서 촉발된 사회 갈등의 해법은 결국 지속적 성장에서 찾을 수밖에 없다. 복지 확대도 필요한 재원이 있어야 가능하다. 어려운 이웃을 보듬는 기부와 자선도 개인의 자발적인 마음에서 비롯된 것이라야 지속 가능하다. 사회 구성원 개개인이 더 잘살고 더 힘 있게 되어야 '사회'가 앞으로 나갈 수 있고 이런 사회에서 타인에 대한 포용과 관용의 힘이 생긴다. 이것이야말로 사회통합의 원동력이다.

 사회통합을 위해서 '사회적'일 필요는 없다. 오히려 지금 대한민국은 다시 '개인'에 집중해야 한다. 박근혜 정부의 국민통합의 방향은 대한민국에 또 한 번 기업가정신이 넘쳐흐르게 하고, 청년들이 '사회'라는 실체 없는 허상에 기대지 않도록 하는 데 있어야 한다. 국가가 '사회'라는 이름 뒤에 숨고, '사회적'이라는 미명을 무기 삼아 실패할 것이 명약관화한 정책을 밀어붙여서는 또 다른 사회 갈등을 촉발할 뿐 국민통합은 요원하다. 개인들이 강한 나라에 '사회통합'은 선물처럼 찾아온다.

PART 3 통합에 관한
여러 가지 단상

_ '통합'이 반(反)시장의 논리에 악용되어선 안 된다. 반시장을 주장하는 이들의 이중성을 면밀하게 분석하여 대처해야 한다. '부자 때리기 = 약자 보호'라는 그릇된 인식이 통합의 미명 아래 자행되지 않았는가를 숙고해야 한다.

경제민주화와 사회통합

한국경제연구원 공공정책연구실장 송원근

경제민주화를 실현하기 위한 입법에 여야 할 것 없이 정치권이 매달리고 있다. 여당은 대통령 공약 사항이니 반드시 이행하겠다는 입장인데 입법이 추진되고 있는 경제민주화 법안의 내용을 보면 오래 전부터 좌파 시민단체에서 주장하던 내용과 유사하다. 기업집단의 내부거래를 재벌총수 일가의 거래기회 독점을 통한 사익편취 행위로 규정하여 원천적으로 금지하고 내부거래가 이유 있는 정당한 거래라는 것은 기업이 입증하도록 하고 있다. 또한 내부거래 부당성의 기준을 시장의 경쟁 제한 여부가 아닌 경제력 집중에 둠으로써 내부거래를 하는 모든 기업들이 그로 인해 잠재적 불법을 저지르는 리스크를 부담하게 하였다. 좌파 성향의 김대중 정부와 노무현 정부에서도 이루지 못했던 기업집단 내부거래에 대한 강력한 제한, 징벌적 손해배상제의 도입 등이 보수정부인 박근혜 정부에서 이루어질 전망이다.

약탈적 시장 세계의 인식

경제민주화의 대표적인 명분은 경제력 집중의 억제에 있다. 경제력의 과도한 집중을 억제하면 탐욕과 약육강식의 시장에 의해 추동되는 경제가 아니라 공정하고 민주적인 질서에 의해 경제가 운영된다는 것이다. 그렇다면 시장과 경제에 대한 이런 인식은 어떤 논의와 주장에 근거할까? '한 사람의 이득이 다른 사람의 손해이고, 어느 누구도 타인의 손실에 의거하지 않고는 이윤을 얻을 수 없다'면 시장은 불공정하고 강자만이 승리하는 약탈의 장이 된다. 이 경우 시장의 불공정성과 약탈성을 시정하지 않으면 사회구성원 간에는 불신과 갈등만이 남게 되고 자발적이고 자연적인 조화는 이루어질 수 없다. 즉, 경제민주화가 없으면 사회통합도 달성할 수 없다는 것이다.

사람들 사이의 이해관계에 따른 갈등은 자연적인 현상이다. 원시적인 수렵채집 사회에서는 한정된 사냥감을 획득하기 위한 사람들 간의 경쟁은 무자비한 생물학적 경쟁이 된다. 생계수단인 사냥감의 자연적 희소성 때문에 사람들은 살아남기 위한 투쟁에서 다른 사람들을 사라져야 할 적으로 간주하게 된다. 따라서 공급이 한정된 생존조건하에서 생물학적 경쟁은 약탈적이며 갈등을 야기한다.

'한 사람의 이득이 다른 사람의 손해'이고 강자만이 승리하는 약탈의 장은 원시사회와 같이 공급이 한정된 사회에서 나타난다. 이런 이해관계의 자연적 갈등을 해소하는 것은 분업에 따른 생산성의 향상이다. 분업에 따른 생산성의 향상은 사람들이 필요로 하는 재화의 공급을 증대시키기 때문이다.

경제민주화의 논리는 약탈적 시장이라는 전제에서 비롯

분업은 시장에서의 경쟁을 통해 나타난다. 생산자들이 이윤을 얻기 위해서는 보다 낮은 가격에 보다 좋은 품질의 재화를 시장에 공급하여 소비자들의 선택을 받아야 한다. 생산자들은 자신이 비교우위가 있는 분야에 특화를 하게 되어 시장에서의 매개를 통해 자발적으로 분업을 하고 소비자들의 선택을 받기 위한 경쟁을 통해 혁신과 생산성의 향상이 나타난다. 따라서 시장에서의 경쟁은 약탈적인 생물학적 경쟁이 아니다. 시장에서의 경쟁은 오히려 분업과 거래를 통해 자발적인 사회적 협조와 모든 사회구성원의 이해관계 조화를 향해 나아가게 만드는 기제이다.

경제민주화의 논리는 시장에서의 경쟁이 약탈적인 생물학적 경쟁이라는 전제에 근거하고 있다. 시장에서의 교환이 거래가 아닌 약탈이라면 시장에서의 경쟁은 제로섬 게임이다. 그러나 시장에서는 거래 당사자에게 모두 이득이 되지 않으면 거래가 일어나지 않는다. 폭력과 강압에 의한 거래는 시장에서의 거래가 아니라 탈취이고 약탈이다. 경제민주화의 논리는 시장에서의 거래와 경쟁을 탈취와 약탈, 그리고 약탈적인 생물학적 경쟁과 동일시하고 있다. 또한 경제민주화의 논리는 시장에서 소비자의 수요가 궁극적으로 모든 생산 활동을 지휘한다는 사실을 애써 외면하고 있다. 시장에서 소비자의 선택을 받은 생산자는 그렇지 못한 생산자에 비해 경쟁력과 생산성이 상대적으로 높다. 이런 생산자, 기업은 더 높은 생산성과 경쟁력을 바탕으로 성장하고 혁신을 거듭함으로써 지속적으로 새로운 분야에 진출할 수 있다. 자유로운 시장에서는 이런 기업과 생산자들의 성장이 촉진되고 혁신이 지속됨으로써 경제가 성장하고 새로운 종류의 시장과 일자리가 지속적으로 창출된다.

시장과 역행하는 경제민주화

경제민주화는 이런 기업과 생산자들을 처벌하고 제약하자는 것이다. 경제력 집중을 억제하겠다는 것은 기업의 성장과 새로운 분야로의 진출을 제약하겠다는 것이다. 소비자의 선택을 받아 성장한 기업이 소비자의 미래 수요를 예측하여 새로운 분야로 진출하는 것은 경제민주화의 논리에 따르면 억제되어야 할 행위이다. 기업의 성장과 새로운 분야 진출을 경제력 집중 억제라는 명분으로 제약한다면 남는 것은 정부에 의해 구획된 한정된 파이뿐이다. 이렇게 되면 기업과 생산자 입장에서는 소비자의 선택을 받기 위한 혁신적 경쟁이 아닌 정해진 파이를 더 많이 얻기 위한 경쟁이 더 중요해진다. 이런 경쟁은 다시 약탈적인 생물학적 경쟁으로 귀결되고 사회적 갈등은 더 심화될 것이다.

소비자 주도의 사회통합

자원의 희소성으로 인한 사회적 갈등은 항상 존재한다. 이런 사회적 갈등을 최소화하고 극복하는 방법은 시장에서 자유로운 거래와 경쟁이 이루어지도록 하는 것이다. 자유로운 거래와 경쟁을 통해 분업이 촉진되고 생산성이 향상되며 자발적인 사회적 협조가 이루어진다. 소비자 수요의 지휘 아래 이루어지는 경쟁과 혁신, 이를 통한 성장을 제약하는 것은 자발적인 사회적 협조, 즉 사회통합을 어렵게 만든다. 경제력 집중 억제를 명분으로 하는 경제민주화는 이런 역할을 통해 오히려 사회 갈등을 심화시킬 우려가 높다. 경제민주화는 결코 사회통합에 기여할 수 없다.

[이제 사회통합 지표의 개발이 필요한 시점]

강원대학교 윤리교육과 교수 신중섭

　사람들의 의식은 현실에서 나오기도 하지만, 의식이 현실을 규정하기도 한다. 현실을 규정하는 의식이 잘못되었을 때 사람들은 현실을 잘못 파악하여 잘못된 요구를 분출하고, 여기에 정치권이 반응하여 잘못된 정책을 낳기도 한다. 객관적인 지표를 통해 현실을 파악하고 개선하려는 노력 대신에 잘못된 주관적인 믿음으로 현실을 왜곡하여 상황을 악화시키기도 한다. '사회통합'이라는 정치적 슬로건이 상황을 더 악화시키는 경우를 우리는 목도하고 있다. 실증적인 증거도 없이 '사회통합'의 명분을 걸고 시행되는 정책이 오히려 사회에 악영향을 미쳐 통합에 역행하는 경우도 많다. 골목상권 보호, 지방분권, 동반성장, 경제민주화 정책이 이런 경우에 해당한다.

발전한 민주주의

많은 사람들은 이명박 대통령 재임 기간 중에 우리 사회에서 민주주의가 후퇴했다는 믿음을 가지고 있었지만 실제로는 그렇지 않았음이 밝혀졌다. 영국의 조사전문기관인 이코노미스트 인텔리전스 유닛(EIU)이 세계 167개국의 민주주의의 발전 정도를 평가해 2013년 3월 21일에 발표한 '2012년 민주주의 지수' 보고서에 따르면, 한국은 종합 점수 10점 만점에 8.13을 기록해 20위를 차지했다. 이는 21위를 차지한 미국, 23위를 차지한 일본을 앞선 것이다. 2011년과 비교해 한국은 올라가고 미국과 일본은 내려갔다.

월스트리트 저널의 보도에 따르면 마이클 포터 하버드 경영대학원 교수와 MIT 경제학자들이 세계보건기구와 세계은

행의 자료를 분석하여 국가가 사회·경제적 측면에서 얼마나 발전했는지를 평가하는 '사회발전지수'에서 한국은 세계 50개국 가운데 11위를 기록했다. 1위인 스웨덴에 이어 영국, 스위스, 캐나다, 독일, 미국 순이었다. 일본은 8위를 차지하였다. 올해 처음 발표된 지수지만, 내년에도 발표되면 우리나라가 발전했는가 그렇지 않았는가를 판단할 수 있다. '민주주의 지수'와 '사회발전지수'를 보면 우리나라가 많이 발전한 나라임을 알 수 있다.

뒤떨어진 경제자유

오히려 뒤처진 것은 '경제자유지수'이다. 미국 헤리티지와 「월스트리트 저널」이 발표한 177개국의 '2013년 세계 경제자유지수'에 따르면 우리나라는 2011년보다 3단계 낮아져 34위에 머물렀다. 헤리티지 재단은 한국이 세계 15위 경제 규모의 역동성을 가지고 있지만 노동시장에 대한 과도한 규제와 강성 노동조합이 경제 활동 비용을 증가시키고 있다고 하였다. 한국의 노동자유지수는 세계 135위에 머물고 있다. 또 '한국의 부패 문제'도 해소되지 않아 경제자유의 기초를 파괴시키고 정부의 신뢰를 격하시키고 있다는 우려를 표시했다. 경제자유지수와 1인당 국민소득 사이에는 밀접한 상관관계가 있다는 점을 고려하면 한국의 34위는 우려할 만한 순위이다.

어떤 지표를 목표로 삼을 것인가

2012년 사회통합위원회 연례보고서에 나온 '사회통합에 대한 국민의식 조사' 결과에 따르면 빈곤층과 부유층 사이의 계층 갈등이 심하다고 응답한 국민의 비율은 82%가 넘었다. 노사 갈등이 심하다는 응답이 63.7%, 이념 갈등이 심하다는 응답이 63.8%, 수도권과 지방의 갈등이 심하다는 응답이 56.1%, 세대 갈등이 심하다는 응답도 56.1%로 나왔다. 우리 국민들은 사회통합을 강화하기 위한 전제 조건이 무엇인가를 묻는 질문에 대해서는 경제적 약자 배려가 1위, 기회 균등이 2위, 시민의식 제고가 3위, 법치주의 정립이 4위, 관용이 5위로 나왔다. 의식 조사를 기초로 '사회통합' 정책을 입안

한다면, 경제적 계층 갈등을 완화할 수 있는 정책이 앞자리를 차지할 것이다.

여기에서 우리가 주목해야 하는 것은 사회통합의 정도를 측정하는 지표를 무엇으로 삼는가에 따라 '사회통합'의 정도에 대한 측정이 달라질 수 있다는 것이다. 사회통합위원회는 빈부 격차와 양극화 해소, 지역 갈등 해소, 균형발전, 세대 갈등 해소 등을 사회통합의 주요 지표로 삼고, 일반인들은 경제적 약자 배려, 기회 균등, 시민의식 제고, 법치주의 정립, 관용을 전제 조건으로 삼고 있다. 이에 발맞추어 정치권은 '사회통합'을 위해 경제민주화, 균형발전, 탕평인사, 복지강화 등을 도모해야 한다고 주장한다. 지표를 무엇으로 삼느냐에 따라 사회통합을 위한 정책들의 내용은 달라진다.

사회통합을 측정할 수 있는 지표 마련

2012년 사회통합위원회 연례보고서가 밝히고 있듯이, 사회통합은 구성원들 사이의 사회적 결속력, 사회적 안정성, 사회적 형평성과 밀접한 관련을 맺고 있다. 보고서는 OECD

34개 국가의 주요 지표를 근거로 사회적 결속, 사회적 안정성, 사회적 형평성을 각각 5개, 4개, 5개 항목으로 분류하여 총 14개 항목을 분석하였다.

사회적 결속을 보여주는 지표(괄호 안은 대한민국 순위)에는 투표율(34위)·사회참여(22위)·부패인식(26위)·일반신뢰(18위)·생활만족도(16위), 사회적 안정성과 관련된 지표에는 부양인구비율(2위)·자살률(33위)·기대수명(14위)·이산화탄소배출(29위), '사회적 형평성'과 관련 지표에는 지니계수(21위)·빈곤율(28위)·실업률(2위)·고용보호수준(18위)·공공사회지출 비중(33위)이 포함되어 있다.

우리 사회는 사회통합과 관련하여 '사회적 형평성'만을 강조하고 있지만, 이것만을 사회통합의 핵심적인 내용으로 간주할 수 없다. 뿐만 아니라 '사회적 형평성'과 관련된 지수들의 순위가 앞이라고 해서 선진국이 되는 것도 아니다. 그리고 무엇보다도 우리 사회가 지향해야 할 목표 가운데 '사회통합'이 맨 앞자리에 와야 하는 것도 아니다. 이제 우리는 '사회통합'을 앞세울 때 잃는 것이 무엇인가에 대해서도 깊이 성찰해야 한다.

그럼에도 불구하고 '사회통합'을 중시하고 있는 현재의 우리 상황에서 '사회통합'의 명분이 초래할 수 있는 부정적인 측면을 최소화하기 위해서는, '사회통합'을 보여주는 지표를 개발하여 좀 더 객관적으로 우리 사회를 평가할 수 있는 구체적인 척도를 가져야 한다. 이렇게 하면 우리는 이런 지표의 지수를 통해, '사회통합'을 명분으로 실시된 정책들이 우리 사회에 초래한 긍정적이거나 부정적인 효과들을 평가함으로써 '사회통합'에 대한 열망을 좀 더 냉정하게 바라볼 수 있을 것이다.

마거릿 대처는 '사회통합'의 교과서

단국대학교 명예교수 박동운

박근혜 대통령은 대선후보 시절부터 줄곧 '국민대통합'과 관련된 말을 강조해 왔다. '100% 대한민국'은 아마도 그 대표적 표현이 아닐까 생각된다. 그런데 그 구체적 실천 방안은 별로 밝혀져 있는 것 같지 않다. 무엇보다도 '사회통합'은 이념 논의에 그치지 않고 실천으로 이어져야 하리라고 생각된다. 그러기 위해서는 '사회통합'에서 바탕이 될 어떤 원리부터 찾아낼 필요가 있을 것이다. 다음은 이에 관한 필자의 견해다.

사회통합의 전제조건

첫째, 사회통합은 정부가 주도권을 갖고 추진해야 한다. 사회통합은 한마디로, '소외된 계층을 껴안는 정책'이기 때문에 정부가 주도권을 갖는 것은 당연하다. 그러나 정부는 재정지출을 통한 사회통합은 자제할 필요가 있다. 사회통합을 위한 재정지출이 '소외되지 않은 계층'에 의존해야 할 경우 걸림돌이 될 수도 있을 것이기 때문이다. 정부가 재정지출을 통하지 않고 사회통합을 이룰 수 있는 방법은 적지 않다. 그 대표적인 경우가 규제 완화 또는 철폐다.

둘째, 사회통합은 관련 집단의 '자발적 참여'를 유도할 수 있어야 한다. 정부가 사회통합을 아무리 외쳐대도 관련 집단이 냉담한 반응을 보인다면 사회통합은 결코 이루어질 수 없다. 우리나라에서 새마을운동 훈련을 받은 아프리카 지도자들이 귀국 후 "우리도 한번 잘살아보세" 하고 한 목소리로 외치는 장면을 TV에서 보고 있노라면 사회통합에 성공했던 1960년대의 우리 모습을 보는 것 같다.

셋째, 사회통합은 그 효과가 지속적이어야 한다. 당연하다. 사회통합이 일회용으로 끝난다면 의미가 없다. 노무현 정부가 막대한 재정지출을 통해 추진한 소위 '사회적 일자리 창출'은 노무현 정부 마감과 동시에 완전히 사라지고 말았다는 사실을 교훈으로 삼을 필요가 있다.

사회통합에는 목표, 방안, 수단이 있어야 한다

그러면 사회통합의 실천 방안은 무엇인가? 필자는 이를 경제계획 수립에서 적용되는 세 단계 원리를 적용하여 논의한다. 첫째 단계에서는 사회통합의 목표가 설정되어야 한다. 경제계획에서는 일반적으로 성장, 고용, 물가안정 등 가운데 하나가 목표로 설정된다. 같은 논리로 사회통합에서는 양극화 해소, 소외계층 소득 증대, 중소기업 활성화 등 가운데 하나가 목표로 설정될 수 있다. 이런 식으로 사회통합의 목표는 다양하게 설정될 수 있다.

둘째 단계에서는 사회통합의 목표 달성을 위한 방안이 채택되어야 한다. 경제계획에서는 고용이라는 목표 달성을 위한 방안으로 일반적으로 재정정책이나 통화정책이 채택된다. 같은 논리로 사회통합에서는 양극화 해소 목표 달성을 위한 방안으로 소외계층을 위한 재정정책이 채택될 수 있다.

셋째 단계에서는 사회통합의 목표 달성을 위한 수단이 채택되어야 한다. 여기에서 수단이란 둘째 단계인 '방안'의 구체적 내용이다. 예를 들면, 경제계획에서 목표를 고용 증가로 설정하여 그 실천 방안으로 재정정책이 채택되었다면 그 실천 수단으로 고용세액 공제나 투자세액 공제 같은 구체적 정책이 채택된다. 같은 논리로 사회통합에서는 목표를 양극화 해소로 설정하여 그 실천 방안으로 재정정책이 채택되었다면 그 실천 수단으로 저소득층 소득지원이나 저소득층 자녀 학자금지원 정책 등이 채택될 수 있다.

신자유주의를 뿌리 내리게 한 대처

영국의 마거릿 대처가 '사유권 확대를 통한 대중자본주의 실현을 목적으로 추진한 공공임대주택 민영화정책'은 사회통합의 한 사례로 들 수 있다. 마거릿 대처는 1970년대 사회주의로 만연된 영국을 구조개혁을 통해 시장경제로 바꿔놓았고, 같은 시기에 미국의 로널드 레이건과 함께 신자유주의를 뿌리내리게 해 세계를 사회주의에서 시장경제로 돌려놓았다. 대처는 영국에서 시장경제가 자리 잡기 위해서는 사유권 확대가 중요하다고 보고 그 일환으로 당시 공공주택의 사적소유가 전혀 허용되지 않았던 시기에 공공주택 민영화를 추진했다.

2002년에 출간된 대처의 저서 『국가경영』(Statecraft)을 읽노라면 대처는 분배에서도 친시장정책을 폈다는 것을 알 수 있다. 그 내용은 첫째, 국가는 가정의 지불 능력을 따지지 않고 누구에게나 훌륭한 기초교육과 적절한 의료서비스를 제공해야 하고, 둘째 국가는 특정 집단을 위해 자본축적을 통한 재산획득 기회를 마련해야 하며, 셋째 분배정책 수립에서는 시장을 왜곡하거나 의욕을 꺾지 않도록 해야 한다는 것이다. 마지막으로 국가는 특정 집단을 위한 분배정책 추진에서 개인의 선택권을 최대화해야 한다고 말한다.

공공주택 민영화 계획

대처가 추진한 분배정책을 주택정책과 관련해 살펴보자.

대처가 정권을 잡기 전 영국에서는 공공주택의 사적 소유는 전혀 허용되지 않았다. 집 없는 서민들은 공공임대주택에서 싼 임대료를 내고 살아야 했다. 주택 양극화의 실상이다. 그런 상황에서 대처는 1979년 선거에서 '대중자본주의 실현'을 목표로 '공공주택 세입자들에게 공공주택 소유를 허용하겠다'고 약속했다.

정권을 잡은 대처는 1980년에 주택법을 제정한 후 1990년까지 임기 내내 거의 매년 주택법을 제정 또는 개정해 가면서 공공주택을 입주자들에게 싼 가격으로 팔았다. 이를 위해 대처는 공공주택 입주자가 자신이 살고 있는 공공주택을 싼 가격으로 매입할 수 있게 하는 '구매권(right to buy)제도'를 도입했다. 당시 구매권제도란 공공주택에 세든 사람이 일정 기간(2년~30년) 거주하면 주택가격의 32~72% 수준의 싼 가격으로 자신이 살고 있는 공공주택 매입을 허용하는 제도다. 그런데 이 제도는 자신이 살고 있는 공공주택을 매입하려는 사람은 반드시 근로와 관련된 저축예금통장을 갖추도록 했다.

대처의 공공주택 민영화는 그야말로 '친시장 분배정책'이다. 대처의 공공주택 민영화에 끌려 당시 많은 공공주택 세입자들은 더 열심히 일해 저축을 하는 등 국가가 제공한 사적 소유의 기회를 놓치지 않으려고 애썼다. 이 결과 1979년부터 1988년까지 100만 채 이상의 공공임대주택이 판매되었는데, 이 가운데 3분의 2는 '구매권'에 의한 판매였다. 이들 공공주택은 사적 소유가 허용됨으로써 '슬럼'에서 벗어날 수도 있었다. 대처의 공공주택 민영화는 그야말로 돈 한 푼 안 드는 사회통합의 교과서가 아닐 수 없다.

사회통합은 재정지출 없이도 이루어진다

박근혜 정부는 대처의 공공임대주택 민영화가 사회통합에 주는 시사점을 교훈으로 받아들여야 한다. 앞에서 언급한 대로, 박근혜 대통령이 강조하는 사회통합의 구체적 실천방안이 수립되어 있지 않은 상황에서 박근혜 정부는 사회통합은 재정지출 없이도 이루어질 수 있다는 것을 마거릿 대처로부터 배울 수 있기 때문이다. '돈 안 드는 사회통합'과 관련하여 일자리 창출 이야기도 앞으로 계속 논의되길 희망한다.

국민의 오해를 없애야 국민행복·통합 가능하다

숭실대학교 법학과 교수, 기업법률포럼 대표 전삼현

박근혜 대통령은 당선인 시절 "어려움을 이기고 다시 한번 한강의 기적을 이루기 위해 국민통합으로 모든 국력을 하나로 모아야 한다"는 발언을 자주 하였다. 제2의 경제부흥을 달성하려는 박 대통령의 의지를 엿볼 수 있는 대목이다. 그러나 최근에는 사회 전반에 걸쳐 소통이 부족하다는 비판들이 많아지면서 박근혜 정부 출범 초기부터 국민통합에 빨간불이 켜진 듯하다.

소통이 우선되어야 한다

사실, 국민행복과 국민통합이라는 두 마리 토끼를 다 잡기란 쉬운 일이 아니다. 이 두 가지 모두 매우 추상적인 개념이며, 동시에 그 성과 또한 측정이 불가능할 뿐만 아니라 설령 평가가 이뤄진다 하더라도 주관적일 수밖에 없기 때문이다. 다만, 많은 전문가들이 이야기하듯이 소통이 전제가 된다면 불가능한 일은 아니라고 생각된다. 소통(疏通)에는 상대방을 이해하고 뜻을 한데 모은다는 의미가 포함되어 있기 때문이다.

그러나 지금 우리사회 현실을 보면 쉽지 않아 보인다. 그만큼 사회 전반에 걸쳐 오해가 넘쳐나고 있으며, 이 순간에도 정치권은 물론이고 행정부의 정책입안자들 역시 마치 오해를 양산하기 위해 몸부림을 치는 듯한 인상을 주기 때문이다. 대표적으로 경제민주화가 마치 우리 경제의 만병통치약인 듯 우리 사회를 한바탕 휩쓸고 간 것을 보더라도 잘 알 수 있다. 최근 서울시는 골목상권을 살린다는 명분하에 '대형마트·SSM 판매조정 가능품목' 51종을 선정해 이들이 팔 수 없거나 수량을 줄여야 하는 품목을 지정하겠다고 한다. 소비자들의 입장은 고려하지 않고 골목상권만 살려 경제민주화를 실천하겠다는 것이다. 이를 보면서 우리 사회에서 오해가 사라지길 기대하는 것은 아무래도 무리인 듯하다.

정부가 관여하기엔 너무 커버린 시장

물론, 이러한 정책이 입안되기까지는 많은 이유들이 있었을 것이다. 그러나 문제는 누구 입장에서 바라본 시각으로 정책을 만들었는가 하는 점이다. 아마도 소비자가 아닌 골목상권 상인들의 입장에 바라본 정책일 것이다. 그러나 분명한 것은 이미 대한민국의 경제 규모를 고려하여 볼 때에 정부가 주도하여 시장을 배분하는 것이 현실적으로 어렵다는 점이다. 국민의 수요가 어디에 있는지는 고려하지 않은 채 공급방식만을 정부가 찾고자 한다면 이는 소통 부재로 인한 정부 실패가 명약관화하기 때문이다. 지금부터라도 현 정부는 물론이고 각 지자체는 소통을 통해 국민들이 이해하고 공감할 수 있는 정책을 제시하고 이를 입법에 반영시키고자 하는 각고의 노력을 경주할 필요가 있다.

국민의 입장에서 바라보는 시각이 필요

이를 위해 우선 발상의 전환이 필요하다. 즉, 정부가 직접 나서서 수요와 공급을 창출하기보다는, 국민과 소비자들이 만든 시장의 법칙을 존중하는 자세로 전환하는 것이 바로 그것이다. 박근혜 대통령은 취임사에서 '경제부흥'과 '국민행복'을 동일 가치로 전제하였다. 그리고 이어서 경제민주화, 공정한 시장질서, 중소기업 육성, 대기업과 중소기업의 상생, 소상공인과 중소기업들에 대한 각종 불공정행위 근절 등을 통해 경제 부흥을 이루겠다는 의지를 표명한 바 있다. 즉, 정부가 나서서 중소기업 중심으로 시장 구조를 재편하여 수요와 공급의 새로운 접점을 만들겠다는 것이다.

그러나 이를 위해서 선결될 과제들이 있다. 첫째, 우리나라 중소기업들이 시장을 주도할 만한 역량을 갖추어야 한다는 것이다. 그리고 둘째, 중소기업들이 시장의 중심이 되도록 이들의 역량을 어떻게 제고하겠다는 구체적인 정책들이 제시되어야 한다. 마지막으로는 정치인들이 인기 영합을 위해 무조건적인 중소기업 편들기식 정쟁을 유발해서는 안 된다.

어찌 보면 박근혜 정부 출범과 동시에 소통이 화두로 등장한 것은 오히려 시장만 존중하면 성공한 정부가 될 수도 있다는 것을 의미하기도 한다. 즉, 국민과 소비자의 입장에서 바라보겠다는 인식의 전환만 있으면 충분히 가능한 일이다. 부디, 오해가 없는 사회를 만들어 국민행복과 국민통합 모두 달성하는 박근혜 정부가 되기를 기대해 본다.

성공적인 사회통합의 요건

명지대학교 경제학과 교수 최창규

사회통합이란 화두는 2012년 대선을 거치면서 어느덧 우리에게 친숙한 단어가 되었다. 그런데 이 단어는 우리가 이를 어떻게 이해하는가에 따라 그 결과가 매우 다른 방향으로 나타날 수 있기 때문에 실제 집행에 있어서는 매우 조심해야 할 것 같다. 얼핏 보기에 사회통합이 가장 잘되어 있는 나라는 아마 북한이 아닐까 생각된다. 국론 분열도 없어 보인다. 대부분의 선거 결과가 예외 없이 100%의 참가율과 지지율을 자랑하는 정말 완벽히 통합되어 있는 나라로 비치기 때문이다. 적어도 겉으로는 분열도 없고 갈등도 없이 잘 통합되어 있는 나라인 것 같다. 물론 우리 국민 모두가 이런 모습의 사회통합을 원하는 것이 아니라는 것은 모두가 다 알고 있다. 그런데 실제 사회통합이라는 명분하에 벌어지는 여러 가지 정책들 가운데에는 우려되는 부분이 많다.

앞선 사람의 발목을 잡는 정책은 안 돼

우리 사회에는 아직 여러모로 극복해야 할 빈부격차, 양극화 등의 이슈가 존재한다. 무엇보다도 이러한 갈등을 완화하기 위해서는 정부가 재정을 통하여 저소득층의 복지를 향상시켜야 할 것이다. 이와 함께 우리나라는 자유민주주의 시장경제라는 틀 속에서 이러한 사회통합이 이루어져야 한다는 것을 염두에 두어야 한다. 단순히 통합을 위한 통합은 곤란하다. 다시 말하면 사회통합에 도움이 되는 복지정책이라 할지라도 기본적으로 국가재정의 지속성 혹은 건전성이라는 대원칙을 벗어나서는 안 된다. 당장에는 달콤하지만 미래 후손들의 살림살이를 근본적으로 위협하는 비양심적인 정책을 해서는 안 된다. 또한 국민들 간에 증오, 분열, 대립을 부추길 목적으로 제시되는 정책의 경우 대부분 중장기적으로는 전체 공동체에 좋지 못한 결과를 가져오는 경우가 많다. 즉 분위기에 휩쓸려 앞서나가는 자를 질시하고 발목을 잡는 것이 뒤처진 자를 돕는 방식이라는 식의 논리는 잠시 화풀이가 될지는 몰라도 결국 우리 사회 전체에 해악이 되는 경우가 많다.

앞서 가는 사람이나 그룹의 긍정적인 성과는 제대로 평가하되 경쟁에 뒤처진 자는 더욱 잘되도록 해주는 공생만이 우리나라를 풍요롭게 할 수 있는 것이다. 이 과정에서 정부가 할 수 있는 것은 균등한 기회와 함께 공정한 경쟁이 가능하도록 환경을 조성해 주는 것이다. 과정이 공정하면 그 결과에 대해 국민들은 수긍하게 된다. 그렇지만 과정이 공정하지 못하면 그 결과에 대해 불만을 가지게 된다. 우리 사회의 문제는 더 이상 절대빈곤의 문제는 아닌 것 같다. 많은 사람들이 상대적 빈곤감에 시달리고 있고 또 불만을 표출하곤 한다. 경제적으로 볼 때 대한민국에서 가장 빈곤한 사람일지라도 목숨을 걸고 가족과 고향을 등지면서 북한을 벗어나 빈손으로 혹은 빚을 안고 남한으로 탈출해온 새터민보다는 여유가 있을 것이다. 정작 북한을 탈출해서 남한으로 온 사람들은 지옥을 벗어나 천국으로 왔다고들 말한다.

상류계층의 자질과 관료의 역할

여기서 사회통합과 관련하여 짚고 넘어가야 할 것은 우리 사회 상류계층의 노블리스 오블리제 부재라고 생각한다. 외국의 경우 대통령이나 장군들의 자녀가 전선에서 싸우다 숨진 많은 이야기를 접하고 있지만 우리나라의 경우 지도층의 병역면제 비리 뉴스가 지면을 더 많이 장식하는 것을 보면 매우 안타깝게 들린다. 이외에도 정치인, 고위관료, 부유층 혹은 사회지도층 들의 권력형 비리나 도덕불감증 뉴스들이 많은 평범한 사람들을 실망시키게 되고 그리하여 소외된 사람들의 불만을 키우게 되고 이러한 것들이 사회통합을 진정으로 가로막는 것들이 된다. 심지어는 연쇄살인범들도 잡힌 후에 자기들의 죄를 뉘우치기는커녕 자기를 이렇게 만든 것은 자기 잘못이 아니라 사회가 잘못되어 그렇다는 식으로 핑

계를 대고 있다.

부패는 본질적으로 정치인이나 관료 등이 권력을 이용하여 특정 개인이나 기업에 영향력을 미칠 때 발생한다. 기본적으로 시장의 힘보다도 중앙권력의 힘이 더 센 경우에 부패가 싹트게 마련이다. 부패가 만연한 사회에서 사회통합을 이루기는 불가능하다. 이러한 관점에서 정부나 정치가 기업활동을 좌지우지하는 관치경제는 항상 사회통합을 가로막는 부패의 가능성을 내포하고 있다. 최근에 우리가 겪은 저축은행 비리도 바로 이러한 맥락에서 살펴볼 수 있다. 현재 우리 대한민국이 누리고 있는 경제적 풍요를 이루기 위해 한때는 정부가 성장을 이끄는 역할을 했던 적이 있었다.

그러나 1960년대나 1970년대의 대한민국과 오늘날의 대한민국은 경제적 환경이나 배경이 정말 많이 달라졌다. 한국전쟁 후 민간의 자본축적이 전혀 되어 있지 않은 대한민국에서 민간 부문은 너무나 취약했다. 정부가 성장의 씨앗을 뿌릴 수밖에 없었고 그 과정에서 정부나 관료의 역할은 필수적이었다. 그러나 지금 대한민국의 기업들은 세계적이고 어떤 면에서는 정부보다도 더 높은 국제적인 신뢰를 가지고 있는 경우도 있다. 이러한 상황에서 정부의 역할은 과거 후진국이었던 시절의 역할과는 근본적으로 다르다. 정부가 민간을 지도 통제하기보다는 민간기업의 활력을 살려주고 밀어주는 것이 더 중요하다. 정부가 과거와 같이 성장을 주도하는 것 자체가 불가하다.

기업이 정당한 대가를 받아야 한다

작금의 창조경제의 경우에도 같은 논리가 적용된다. 창조는 자유라는 바탕 위에 싹튼다. 만약 정부가 창조의 주체가 되면 그 순간 창조는 어려워진다. 어디까지나 창조의 주체는 민간, 그것도 개별 기업이나 학계 차원에서 자발적으로 이루어지도록 하고 정부는 제도적으로 이를 뒷받침하는 것이어야 한다. 그럼으로써 부패를 막을 수 있다. 정부가 창조경제를 정의하고 평가하고 구체적인 자원 배분에 주도적 역할을 하게 되면 창조가 될 수도 없을 뿐 아니라 자원 배분 과정에서 필연적으로 부패가 싹트게 된다.

최근 우리 경제는 점차 성장의 활력을 잃어가고 있다. 그동안 한국 경제를 잘 이끌어왔던 성장 엔진이 아주 멈추지나 않을까 걱정이 된다. 정당하게 평가받아야 할 기업이나 기업인들이 긍정적인 성과에도 불구하고 쉽게 비난의 대상이 되고 있다. 우리나라를 포함한 글로벌 경제위기가 정작 금리정책, 부동산정책, 금융감독정책, 금융정책 등의 정부 실패에서 주로 기인함에도 불구하고 일부 학자들은 근거 없이 시장 실패로 몰아붙이면서 필요 이상으로 정부의 과도한 개입을 정당화하고 있다.

대한민국의 근간은 흔들지 말아야 한다

사회통합을 그저 반대 입장에 있는 사람들이나 견해를 물리적으로 섞어서 중간에서 비슷하게 나누는 식으로 생각해선 안 된다. 특히 우리는 지금 자유 대한민국을 근본적으로 부정하고 파괴하려는 내부와 외부의 세력들의 위협하에 놓여 있다. 자유를 없애려는 자유까지도 포용해야 한다는 낭만적이고 무책임한 자유주의자들도 있다. 이들은 자유가 전혀 없는 북한에 가서 자유를 주장하지도 않으면서, 정작 자유가 충만한 대한민국 안에서 자유주의를 그릇된 방향으로 호도하고 있다. 인권이 잘 보장되어 있는 선진국에서도 적과 내통하여 자기가 속해 있는 공동체를 해치려는 이들에 대해서는 공동체 차원에서 엄중한 처벌을 한다. 다시 말하면 어느 경우에도 사회통합의 중심은 바로 자유시장경제에 바탕을 둔 대한민국이어야 한다는 점을 분명히 인지해야만 한다.

'통합'이라는 미명 아래 일어나는 것

부산교육대학교 교수 김정래

'통합' '국민대통합'이니 하는 말들이 회자된다. 새로 취임한 대통령의 의중이 강하게 반영된 것도 있지만, 이 말 자체가 포퓰리즘을 잉태하기 때문에 우리가 경계를 게을리해선 안 된다. 현재처럼 우리 사회가 멍들어가선 안 된다고 보기 때문에 '통합'이라는 '미명(美名)' 아래 해선 안 될 것 또는 하지 말아야 할 것을 다섯 가지만 지적해 두고자 한다.

통합으로 이념을 아우를 수는 없다

첫째, '통합'이라는 말을 정치적 이념을 한데 묶는 방식으로 이해할 경우를 경계해야 한다. 많은 이들이 사회통합을 융합될 수 없는 정치적 이념을 아우르는 것으로 이해하고 있는바, 어떤 이념과 이념을 통합하고자 하는 것인지를 분명히 해야 한다. 불행하게도 우리 사회에는 여전히 북한의 그릇된 세습 체제에 동조하여 대한민국을 부정하는 이들이 상존한다. 또 '평화공존' '민족'을 들고 나오지만, 한편으로 주한미군 철수, 한미FTA 폐기, 해군기지건설 반대 등을 비롯한 국가 기반을 흔드는 일을 서슴지 않고 있다. 북한의 각종 도발도 우리 측이 조작한 것이라고 한다. 그렇기 때문에 '통합'은 대한민국의 가치인 자유민주주의와 시장경제를 축으로 하는 헌정 질서 속에서만 고려해야 한다. 더욱이 우리 헌법은 대한민국을 부정하는 정당 단체를 해산하도록 규정하고 있다.

통합은 중도가 아니다

둘째, '통합'을 마치 중도 노선인 듯한 당위로 받아들여선 안 된다. 이른바 '이념을 넘어선 통합'은 젊은이들에게 그릇된 대북관을 심어줄 뿐만 아니라 마치 남북을 뛰어넘는 '제3의 길'이 있는 것처럼 오인하도록 되어 있다. 그러나 '민족끼리'니 '평화공존'이니 '남북화해협력'은 장밋빛 허울이며, 결과적으로 '통합'이라는 말을 통하여 북한의 대남적화노선에 동조하는 꼴이 된다는 점을 상기해야 한다.

북한 문제와 통합 문제는 별개다

셋째, 남북 문제, 통일 문제를 다루는 데 있어서 세심한 주의를 기울여야 한다. 특히 대남 도발에는 하드 파워를 사용해야 하고, 기아와 빈곤에 허덕이는 북한 동포 구제에는 소프트 파워를 사용하는 스마트 전략을 구사해야 한다. 특히 북한 핵 문제를 유연하게 대처하는 것이 '통합'의 일환인 것처럼 호도해선 안 된다. 북핵 문제는 단호하게 대처하고, 북한의 레짐 해체를 위한 대북 공작이나 심리전을 활용하든지 아니면 우리도 핵으로 맞설 수 있는 방안을 강구해야 한다.

통합의 반대가 시장은 아니다

넷째, '통합'이 반(反)시장의 논리에 악용되어선 안 된다. 반시장을 주장하는 이들의 이중성을 면밀하게 분석하여 대처해야 한다. '부자 때리기 = 약자 보호'라는 그릇된 인식이 통합의 미명 아래 자행되지 않았는가를 숙고해야 한다. 부자 증세가 되면 가난한 사람들이 잘사는 것처럼, 또 대형마트 규제하면 재래시장이 훨훨 부활되는 것처럼 호들갑을 떠는 것도 '통합'의 명분으로 이루어진다. 중소기업 적합업종을 선정하여 규제하면, 오히려 중소기업과 영세기업의 진입장벽만 높아진다. 우리 사회에는 '남의 불행이 나의 행복'이라는 호전적인 좌파 논리가 '통합'의 미명 아래 자행되고 있다.

통합이 불평등을 조장할 수 있다

다섯째, '통합'의 명분 아래 사회적 불평등이 조장된다는 점을 직시해야 한다. 예컨대, 평준화교육이 보편성을 확보하고 평등교육을 실현한다고 하는 것도 '통합'을 은밀하게 오용하고 악용하는 것이다. 졸저 『고혹평준화해부』(한국경제연구원, 2009)에서 지적한 바와 같이, 평준화정책은 여러 가지 폐해를 드러낼 뿐만 아니라 불평등을 조장하는 교육 만악(萬惡)의 근원이라는 점을 직시해야 한다.

교육개혁과 국민통합의 길

명지대학교 기록정보과학전문대학원 교수 강규형

한국의 왜곡된 교육 구조는 상대적 박탈감을 극한으로 이 끈다. 과거에는 '대학 못 간 한(恨)'이란 것이 존재했다. 이런 한을 풀어주기 위해, 그리고 대학이 장사가 됐기에 무분별한 대학·대학원 신설과 정원 늘리기가 성행했다. 엄청난 속도로 변화하는 사회에서 계층 상승 욕구가 강하게 나타났고, 이러한 욕구가 한국 사회를 이끌었던 한 원인이었던 것은 사실이다. 논을 팔고, 밭을 팔고, 소를 팔아서 자기 자식들을 교육시켰고 결국 이런 교육열은 사회 발전의 밑거름이 되었다.

그러나 그 결과 한국은 세계 최고 수준의, 그리고 세계 역사상 전무한 압도적인 대학 진학률을 자랑(?)하는 나라가 됐다. 대학 가서 출세해야 한다는 것이 고정관념으로 박혀서 대학교육이 부실화됐고, 결국 주체할 수 없는 기대 수준 폭발을 가져왔다. 청년층의 대학교육 비율이 경제협력개발기구(OECD) 회원국 중 가장 높고, 무려 84%의 고등학교 졸업생들이 대학에 진학한다. 더 잘사는 나라들의 진학률을 훨씬 웃돈다. 그리고 그 결과는 일부 대학 교육의 거대한 부실화였다. 대학 평가와 교수평가의 강화로 상위 대학들의 교육·연구 여건은 전보다 좋아졌다. 그러나 하위 대학, 특히 일부 지방사립대들은 정원도 못 채우는 상태가 심화되고 있다. 현재도 전체 대학 정원이 대학 진학 희망자의 숫자를 사실상 넘어섰다. 대학원 사정도 마찬가지다. 일반대학원이건 특수대학원이건 명문대 대학원이 학벌 세탁용으로 이용되기도 하고, 다른 대학원들은 몇몇 경우를 제외하고는 정원 채우기에 급급하다. 너무 많은 석사·박사 과정이 그동안 남발됐다. 한국 대학 학위의 가치가 형편없이 하락되고 질적으로 저하됐다.

기대 수준 폭발, 어떻게 할 것인가

　대학 정원 증가와 부실화가 낳은 심각한 문제는 통제 불가능한 정도의 '기대 수준 폭발'이다. 이른바 '대학물'을 먹은 사람은 내실과는 상관없이 자연스레 기대 수준이 높아지고 산업 현장을 기피한다. 폭발적으로 높아진 기대 수준을 충족시키는 방법은 중단 없는 고도성장밖에는 없다. 그러나 성장 동력은 꺼져 가고 있고, 지속적인 고도성장을 해내는 것은 불가능한 일이다. 오히려 기대 수준을 합리적으로 조정하는 일이 시급하다. 기대 수준이 폭발하는 사회는 불안정하고 불행하다. 경제력이 강한 한국이 매우 낮은 행복 수준을 보이는 한 이유가 여기에 있다. 미국의 경제 전문지 「포브스」는 갤럽이 지난 5년여 사이 전 세계 155개국을 대상으로 행복도에 대한 설문을 실시한 결과를 최근 보도했다. 한국은 56위를 기록했다. 경제 위기를 겪는 그리스(50위)나 내전을 겪은 코소보(54위)보다 낮다. 기대 수준 폭발을 처리하지 못해 불만에 가득 찬 한국 사회는 사실상 시한폭탄과 같다.

대학 정원을 줄이는 것이 답

이런 상황에서는 아무리 묘안을 짜내도 백약이 무효다. 2004년 교과부는 '2009년까지 358개 대학 중 87곳을 없애겠다'는 계획을 발표했으나 제대로 실행되지 않았다. 시혜성 복지혜택을 증가시키기는 쉬워도 감축하는 건 어려운 것처럼, 대학·대학원 정원도 늘리기는 쉬워도 줄이는 것은 큰 고통을 수반한다. 한국 사회는 시한폭탄 수거와 같은 긴박함으로 대학·대학원 정원 감축에 임해야 한다. 부실 대학에 대한 통폐합 유도 등 정원을 전반적으로 감축해야 한다. 현재 대학 정원은 30% 이상, 석사과정은 40% 이상, 박사과정은 50% 이상을 줄여야 적정 규모다. 교과부는 고통이 덜한 방법으로 후유증을 최소화시키면서 정원을 감축할 방도를 시급히 마련해야 한다.

이전 고도성장 시대에는 이러한 기대 수준 폭발을 사회가 어느 정도 충족시키는 것이 가능했다. 그러나 고도성장이 끝난 오늘날에는 이런 무한상승 욕구를 충족시키는 것은 불가능해졌다. 여기서 오는 허탈감과 박탈감이 현재 세대 갈등과 계층 갈등의 중요 원인이기도 하다. 특히 '청년 실업'으로 인한 분노는 기성세대가 책임져야 할 측면이 있지만, 그 이면에는 청년층의 기대 수준 폭발이 도사리고 있다. 세상의 어떤 정권이나 체제도 대학진학률 84%의 사회를 만족시킬 수는 없다. 이제는 사회 전체가 저성장 시대에 맞는 사고로의 전환이 필요하다. 유사 학과 통폐합과 대대적인 정원 감축, 수준 미달 대학의 퇴출과 같은 파격적인 구조조정이 시급하다. 특수대학원도 대폭 줄이고 면밀한 질적 검토 끝에 일반 석·박사 학위를 수여하는 대학과 학과의 숫자도 조정해야 한다. 부풀어 오를 대로 오른 대학·대학원 정원은 사회의 암(癌) 덩어리와 같은 존재다. 그런데 현재 추진 중인 반값 등록금과 같은 대책은 환부에 마취 진통제만 투여하는 셈이다. 고통스럽지만 과감한 치료와 수술로 이 문제를 해결하지 않는다면 결국 대한민국 발전의 발목을 잡을 것이다.